Rodulfo González

IMPRENTA Y PERIODISMO EN COSTA RICA

Isla de Margarita, Estado Nueva Esparta,
Venezuela, julio de 2018

Publicado por primera vez por CICUNE 2018
Copyright © 2018 por Rodulfo González
Reservados todos los derechos.
Ninguna parte de esta publicación puede ser reproducida, almacenada o transmitida en cualquier forma o por cualquier medio, electrónico, mecánico, fotocopiar, grabar, escanear o de otro modo sin permiso por escrito del editor. Es ilegal copiar este libro, publicarlo en un sitio web o distribuirlo por cualquier otro medio sin permiso.
Rodulfo González no tiene ninguna responsabilidad por la persistencia o exactitud de URL de sitios web de Internet externos o de terceros a los que se hace referencia en esta publicación y no garantiza que el contenido de dichos sitios web sea, o permanecerá, exacta o apropiada.
Las denominaciones utilizadas por las empresas para distinguir sus productos suelen ser reclamados como marcas comerciales. Todas las marcas y nombres de productos utilizados en este libro y en su portada, nombres comerciales, marcas de servicio, marcas registradas son marcas registradas de sus respectivos propietarios. Los editores y el libro no están asociados con ningún producto o proveedor mencionado en este libro. Ninguna de las empresas u organizaciones a las que se hace referencia en el libro lo han respaldado.
Catálogo de la Biblioteca del Congreso
Nombre: Rodulfo González, 1935-
ISBN: 979-8-3492-5167-2 (paperback)
ISBN: 979-8-3492-5166-5 (e-book)
ISBN: 979-8-3492-5169-6 (hardcover)
Primera edición
Diagramación de Juan Rodulfo
Arte de portada por Guaripete Solutions
Producción: CENTRO DE INVESTIGACIONES CULTURALES DEL ESTADO NUEVA ESPARTA (CICUNE)
cicune@gmail.com
Impreso en EE. UU.

CICUNE.ORG

*Para Milagros Rosario,
que tanto ama a Costa Rica*

I. PROEMIO

Existe en este país, el único de América que disolvió el ejército en 1948, una gran tradición periodística. Han existido y existen publicaciones de todos los temas, tanto políticos, culturales, científicos, generales, gremiales y religiosos, como de protesta, humorísticas, etc.

Por otro lado, con la incorporación masiva a finales del siglo XX de Internet en los hogares, salas de redacción, instituciones educativas y otros ámbitos, surgió el periodismo digital y ciudadano que en esta porción geográfica de Centroamérica ha encontrado un campo propicio para desarrollarse.

Son centenares las revistas en papel que también circulan en la Web. Algunas publicaciones periódicas, ante dificultades económicas, en vez de desaparecer han optado por el soporte digital.

Aparte de ello, los grandes periódicos, además de publicarse en papel, tienen una edición electrónica, bien de uso libre o mediante suscripción. Se publican periódicos y revistas en lenguas distintas al español.

Con soporte digital me he propuesto adentrarme en las entrañas en la historia de la imprenta y el periodismo en América Latina.

Por puro azar le ha correspondido a Costa Rica ser el primer producto de esta investigación.

Quiero destacar que cuando la imprenta y el periodismo se hicieron presentes en ese país, era miembro de la República Federal de Centro América. Su separación se produjo en noviembre de 1838.

El ejercicio del periodismo está amparado por una ley de colegiación que tuvo sus antecedentes en la Asociación de Prensa de Costa Rica, que el 11 de enero de 1922 eligió su primera Junta Directiva integrada por Otilio Ulate Blanco, presidente; Leonardo Montalbán, vicepresidente; Joaquín Vargas Coto, secretario; Carlos M. Carranza, Contador; Francisco María Núñez y Rosendo del Valle, Vocales; Macabeo Vargas, Fiscal.

Todas grandes figuras del periodismo nacional, como Otilio Ulate Blanco, quien fue director de *Diario de Costa Rica*, y más tarde presidente de la República.

Uno de los principios de la referida institución era hacer del periodismo una profesión honorable y de elevación.

El 1º de noviembre de 1942, nació otra organización de igual nombre inscrita en el Registro Público en 1943.

Se definió como una entidad gremial y cultural. La Junta Directiva quedó constituida por los periodistas Francisco María Núñez, presidente; Modesto Martínez y Fernando Palau, vicepresidentes: Adrián Vega Aguiar, secretario; Isberto Montenegro, Prosecretario; Max Acosta, Tesorero; Rogelio Odio, Fiscal; Eduardo Chavarría, Guillermo Calvo Navarro y Rubén Hernández Poveda, vocales.

Esta directiva publicó en octubre de 1945 *La Revista de La Prensa*, con una única aparición, pero que se consagró porque en ella figuraron artículos de los más afamados periodistas que dejaron huella en el periodismo costarricense.

De esta organización formaron parte las publicaciones periódicas *La Tribuna, Diario de Costa Rica, La Prensa Libre, La Última Hora, La Gaceta,* el *Boletín Judicial, La Hora, Mujer y Hogar, La Semana Cómica, Repertorio Americano, Celajes, Revista de los Archivos Nacionales, Revista Social, La Raza, El Trabajo, La Voz del Sur, La Voz Atlántica, Revista de Agricultura, El Agricultor Costarricense, Revista de la Cámara de Comercio de Costa Rica, Deporte, El Heraldo, Revista Costarricense, Defensa Nacional, Boletín Bibliográfico, Revista del Instituto del Café, El Industrial, Salud, Revista Médica, Revista de Industria Nacional, Acción Demócrata, Costa Rica Deportiva, Eco Católico, Vértice, Surco, El Mensajero del Clero, El Luchador, El Mensajero Bíblico* y *Reorganización Nacional.*

Esta institución convocó al Primer Premio de Periodismo y resaltó la importancia de abrir la carrera de periodismo a nivel universitario.

Más tarde pasará a llamarse Asociación de Periodistas de Costa Rica, sólo para profesionales del periodismo.

A este gremio le correspondió promover, desarrollar y consolidar la creación de dos instituciones que marcarán para siempre las dos columnas del periodismo costarricense.

Se trata, en primer lugar, de la Escuela de Periodismo, hoy Escuela de Ciencias de la Comunicación Colectiva, de la Universidad de Costa Rica, en 1968, y, en segundo término, el Colegio de Periodistas de Costa Rica, en 1969, para todos los profesionales en las ciencias de la comunicación.

El 4 de marzo de 1968, luego de largas conversaciones entre la Asociación de Periodistas y la Universidad de Costa Rica, abrió sus puertas la Escuela de Periodismo.

Esta institución tuvo como primer director al licenciado Alberto F. Cañas Escalante; y tal como ocurriera con la institución similar en Venezuela, en los años sesenta cambió su nombre original por el de Escuela de Ciencias de la Comunicación Colectiva, con planes académicos para la formación de profesionales en comunicación, relaciones públicas, publicidad y producción audiovisual.

Años más tarde otras universidades incorporaron ciencias de la comunicación colectiva a su oferta académica: Universidad Americana, Universidad Autónoma de Centro América (UACA), Universidad Central, Universidad Creativa, Universidad San Judas Tadeo, Universidad Hispanoamericana, Universidad Latina y Universidad Véritas.

El Colegio de Periodistas de Costa Rica fue creado por Ley No. 4420 del 18 de setiembre 4 de 1969, como una institución integrada por los profesionales en periodismo y con los siguientes fines entre otros:

a. Respaldar y promover las ciencias de la comunicación colectiva.

b. Defender los intereses de sus agremiados, individual y colectivamente;

c. Apoyar, promover y estimular la cultura y toda actividad que tienda a la superación del pueblo de Costa Rica.

La primera Junta Directiva del Colegio (provisional) fue integrada por los miembros de la Junta Directiva de la Asociación de Periodistas: Julio Suñol, Carlos Darío Angulo Zeledón, Yehudi Monestel Arce, Juan Antonio Sánchez Alonso, Carmen Cornejo Méndez y Carlos Manuel Longhi. Al nombrar la Junta Directiva, conforme a la Ley, son electos: presidente: Julio Suñol Leal; vicepresidente Ricardo Rojas Vicenzi; secretario Carlos Darío Angulo Zeledón, Tesorero Juan Antonio

Sánchez Alonso; Fiscal Carlos Manuel Longhi Carvajal; Vocales Gilberth Camacho y Alberto Cañas Escalante.

Al comienzo solo se podían incorporar los periodistas graduados de la Universidad de Costa Rica. Sin embargo, a partir de 1981, por Ley 6693, se amplió a las universidades privadas.

En 1995 la Sala Constitucional de la República (Sala IV) declaró inconstitucional la colegiatura obligatoria con la cual se creó el Colegio y como son todas las demás profesiones de la República, pero dicho tribunal no cuestionó la vigencia del Colegio ni tampoco la legalidad de la profesión de periodista.

En 1991 se incorporaron los graduados en relaciones públicas.

En 2009 la Junta Directiva del COLPER acordó: "aceptar la incorporación de todos los graduados que lo soliciten y cumplan con los requisitos".

Por lo tanto, forman parte del colegio los periodistas, comunicólogos, relacionistas públicos, publicistas y productores audiovisuales.

Periódico Primera Plana, se fundó como medio físico en 1981 y pasó a digital en el año 2002. El editor actual es el periodista Juan José Arce y la jefa de la Oficina de Comunicación y Capacitación es Carmen Fallas.

La Semana de los Profesionales en Comunicación que se celebra en setiembre de cada año.

TIMBRE: Colper cuenta con el timbre del 1% que por ley se cobra de la facturación de la publicidad en los periódicos diarios.

El Día del Periodista Costarricense fue instaurado por decreto de 2010 del presidente Óscar Arias Sánchez en recuerdo del atentado terrorista de La Penca del 30 de mayo 1984, previa petición de la Junta Directiva del Colegio de Periodistas.

El decreto presidencial destacó la labor del comunicador profesional que tiene la habilidad de informar, pero, a la vez, tiene la obligación de hacerlo de manera imparcial para satisfacer el derecho de los habitantes de estar bien informados

Por ese motivo cada 30 de mayo, los periodistas costarricenses conmemoran su día, a la vez que recuerdan a todas las personas que han sido perseguidas, atacadas y asesinadas a causa del apego al correcto y valiente ejercicio de esa profesión y como una fecha para reconocer que una prensa libre, responsable e independiente es fundamental para fortalecer la democracia.

También es una fecha para recordar el atentado terrorista de La Penca, un pequeño caserío en la frontera de Nicaragua con Costa Rica, perpetrado el 30 de mayo de 1984, al objeto de que ese hecho no quede impune ni muera en el olvido colectivo o en los archivos judiciales. La noche de ese día una bomba accionada a control remoto produjo la muerte de tres periodistas cuando cubrían una conferencia de prensa convocada por el entonces guerrillero Edén Pastora conocido como "Comandante Cero". Como responsable del acto terrorista fue identificado un falso periodista que arribó a Costa Rica en esos días con un pasaporte de Dinamarca a nombre de Peer Anker Hansen, y quien retornó a Costa Rica con los heridos para luego huir con rumbo desconocido. Murieron dos periodistas de ese país y la estadounidense Linda Frasier, mientras que otros 29 comunicadores y el jefe guerrillero Pastora fueron heridos. Del supuesto Peer Anker Hansen nunca se supo más.

Toda la documentación empleada para realizar esta monografía fue extraída de la Web.

II. NACIMIENTO DE LA IMPRENTA Y EL PERIODISMO

Parece increíble, porque el periodismo en América Latina, desde la época colonial, ha tenido que vencer grandes obstáculos gubernamentales para salir debido a leyes de censura que obstaculizaban su nacimiento, que haya sido el propio gobierno costarricense el promotor del periodismo como tal.

En efecto, mediante Decreto No. 23 del 25 de noviembre de 1824, el presidente de ese país Juan Mora Fernández abrió el campo para la publicación libre, en cualquier parte del país, de periódicos manuscritos "en donde se publicarán los artículos que se remitan, con reserva de la firma cuando así lo exigieren sus autores".

No pude tener acceso a fuentes que dieran fe del periodismo manuscrito que precedió al impreso que surgiría el 4 de enero de 1833 con el semanario Noticioso Universal.

II.1. Las primeras imprentas

Bruno Carranza (presidente Interino de la República) y su hijo Miguel Carranza trajeron la primera imprenta en 1830. Se llamó La Paz y fue adquirida en Filadelfia (EE. UU) y allí se imprimía la papelería gubernamental.

En esa imprenta fue publicado en 1830 el primer libro impreso en ese país, Las Breves lecciones de Aritmética escrito por el pedagogo Rafael Francisco Osejo.

También vio la luz allí La Infancia de Jesucristo, 1833, poema dramático en diez coloquios de Gaspar Fernández y Ávila, que durante muchos años fue considerado como el primer libro impreso en Costa Rica.

A Francisco Valenzuela le correspondió poner en funcionamiento, en 1831, la segunda imprenta, que se llamó Libertad, la cual pasó a ser la impresora de los documentos del Estado.

Una tercera imprenta, propiedad de Bernardo Calvo. Fue confiscada por el gobierno durante la llamada Guerra de la Liga La Guerra de la Liga que tuvo lugar entre septiembre y octubre de 1835 en el Valle Central de ese país, para la época miembro.

Se convirtió en la primera imprenta oficial y fue dirigida por el sacerdote Vicente Castro.

A finales de 1832, Joaquín Bernardo Calvo puso a funcionar un tercer taller llamado 'La Merced', para editar el primer periódico que circuló en Costa Rica, Noticioso Universal, a partir de enero de 1833. En 1837 esa imprenta pasó a poder del Estado, al embargar los bienes de su dueño original.

Además de La Merced, operaron La Paz, La Concordia, la Del Estado y La República, entre y otras.

De los veinte años que transcurren desde1830 a 1850, funcionaron en el Valle Central seis imprentas, cuatro de ellas de particulares y dos gubernamentales.

En mayo de ese 1850, Rafael Moya, anunció la venta de una imprenta pequeña con "...4 cajas de letras y otros avisos para la misma" procedente de Europa. La adquirió Valentín Gallegos quien instala, por poco tiempo, la imprenta "La Concordia".

La imprenta del Estado surgió en 1842. En 1850 comenzó a operar la imprenta de la República.

II.2. En el siglo XIX nació el periodismo costarricense

El 4 de enero de 1833 el semanario Noticioso Universal, considerado por los documentalistas como el primer periódico de Costa Rica. Pero este puesto pudo haberle correspondido a Correo de Costa Rica, aparecido el día siguiente.

Ahora bien, antes de ese año, a la luz de lo escrito en un texto por el historiador Marcos Mena Brenes, circularon dos periódicos oficiales: La Relación de los Negocios Despachados por el Gobierno Supremo del Estado (1831) y La Relación de los Negocios Despachados por el Consejo (1832).

Cabe preguntarse, ¿Cómo si estas dos publicaciones periódicas circularon dos y un año respectivamente antes que el semanario Noticioso Universal, se le atribuye a dicho periódico ser pionero del periodismo en Costa Rica?

Ante esta disparidad de criterio no resulta exagerado afirmar que cronológicamente La Relación de los Negocios Despachados por el Gobierno Supremo del Estado fue el primer periódico que apareció en dicho país y al semanario Noticioso Universal le correspondió serlo en la historia del periodismo no gubernamental.

II.2.1. Periodismo oficial

Desde el siglo XIX el Estado costarricense ha contado con órganos periodísticos oficiales.

Cronológicamente, dos periódicos oficiales fueron los primeros en circular en dicho país, La Relación de los Negocios Despachados por el Gobierno Supremo del Estado en fecha no determinada de 1831 y La Relación de los Negocios Despachados por el Consejo en 1832.

En 2016 todavía una publicación periódica oficialista, La Gaceta, seguía siendo la más antigua.

La Gaceta. Fue la continuación de Gaceta del Gobierno de Costa Rica. Cambió de formato desde su primer número, que fue el 130 de la colección, con fecha 24 de mayo de 1851. Termina con el No. 168 del 28 de febrero de

1852 para volver al primitivo de Gaceta del Gobierno de Costa Rica.

La Gaceta y el Boletín Judicial son los diarios oficiales del Estado Costarricense y en ellos sólo se publican los actos públicos y privados que la legislación establezca. Por esa razón, en estos periódicos se pueden encontrar leyes, decretos, reglamentos, licitaciones, resoluciones, remates y avisos, entre otros documentos.

Desde 1831 y hasta 1878, estas publicaciones cambiaron de nombre constantemente pero no su índole.

Sin embargo, fue el 7 de diciembre de 1844 cuando por primera vez uno de estos medios impresos llevó el nombre de gaceta con la publicación de la Gazeta Oficial.

Después de esta fecha, aunque con algunas variaciones, fue más frecuente ver el nombre de La Gaceta en el diario del Estado.

No obstante, en 1850, se le denominó Gaceta del Gobierno de Costa Rica, para convertirse en 1853 simplemente en La Gaceta. Ese mismo año, el Estado también contó con otro periódico al que llamó Boletín Oficial.

Con el nacimiento del *Boletín Judicial*, en 1861, el Gobierno nuevamente volvió a tener dos periódicos de manera simultánea.

En 1859, el diario estatal se transformó en Gaceta Oficial de Costa Rica, denominación efímera, porque en 1861 se le cambió por el de

Gaceta Oficial, que mantuvo hasta 1878 cuando adoptó el nombre con el que se conoce en la actualidad, La Gaceta, Diario Oficial.

El 1º de diciembre de 2009, la Asamblea Legislativa de la República de Costa Rica la declaró institución benemérita, entre otras razones, "por su aporte desinteresado al periodismo costarricense y a la cultura en general".

Esta Ley rige a partir de su publicación en el diario oficial La Gaceta.

El 21 de octubre del 2010 La Gaceta oficializó su edición electrónica por medio de la firma digital certificada, la cual se venía publicando en la Web desde enero del 2003, sin embargo, fue en la fecha señalada cuando se homologó la versión electrónica con la impresa, convirtiéndose en el primer país de Latinoamérica en lograrlo.

Además de los mencionados en párrafos anteriores, aparecieron los siguientes periódicos:

Aurora de la Constituyente de Costa Rica. Empezó a circular el 22 de setiembre de 1838. Fue creado para tratar exclusivamente de la formación de la primera Carta Fundamental, en virtud de haber protestado Costa Rica de su liga con la federación y de su deseo de constituirse en estado independiente.

Anales del Museo Nacional de Costa Rica. La publicación era editada por Anastasio

Alfaro e incluía información sobre el Museo y su desarrollo, así como artículos científicos sobre temas pertinentes a la institución como zoología, botánica, arqueología, entre otras.

Se desconocen otros datos identificatorios.

Anales del Centro de Estudios Sismológicos de Costa Rica. Apareció en 1911 y circuló de forma irregular.

Agroextensión. Revista de divulgación científica y cultural. Apareció en 2004.

Periodicidad semestral.

Producida por el Ministerio de Agricultura y Ganadería de Costa Rica, Programa Nacional de Extensión Agropecuaria en la Editorial Universidad Estatal a Distancia.

Anales del Instituto Físico Geográfico de Costa Rica. Apareció en fecha no precisada de 1889 y publicaba temas sobre ciencias atmosféricas, Geografía, Geofísica, Geodesia y Física.

Fue producida por la Secretaría de Instrucción Pública de la República de Costa Rica y dirigida por Henri Pittier.

Boletín Oficial República de Costa Rica. Apareció el 22 de diciembre de 1853, bisemanario desde el número 70 del 9 de diciembre de 1854. Publicaba información acerca de los actos del gobierno, aunque su director estaba en libertad de escoger los argumentos de sus artículos y publicaciones.

Hay detalles sobre los límites con Nicaragua, notas oficiales, datos de la misión del ministro Chamorro, sus amenazas y la protesta del gobierno, la Campaña.

Boletín de la Junta de Sanidad. Apareció en junio de 1837, con motivo de la alarma causada por la probable invasión del cólera morbos. Publicaba los acuerdos tomados por la Junta General de Sanidad para la debida higiene pública.

Boletín Oficial. Apareció en 1860. Semanario. Se imprimía en la Imprenta Nacional. Publicaba los avisos judiciales, comerciales e industriales.

Boletín del Ejército. El primer número se publicó en Liberia el 21 de marzo de 1856.

Boletín Judicial. Órgano del Departamento de Justicia de la República.

En su primera época comenzó a publicarse el 10 de julio de 1861.

En otra época apareció el 4 de enero de 1895, y fue publicado por la Imprenta Nacional. Incluía la información judicial del país.

Correo de Costa Rica. Su primer número vio la luz pública el 5 de enero de 1833, un día después de la salida del "Noticioso Universal".

Publicaba las leyes, decretos y resoluciones del gobierno, noticias políticas y mercantiles del extranjero, educación, comunicados y avisos comerciales.

Crónica de Costa-Rica. Inició su publicación el 1 de abril de 1857, como continuación del Boletín Oficial que cesó de publicarse a finales de marzo por acuerdo del gobierno. Incluía todos los documentos oficiales del gobierno nacional, tribunales y autoridades locales.

Boletín Postal. Órgano de la Dirección General de Correos. El primer número se publicó en junio de 1921.

Boletín Informativo. Órgano de la Procuraduría General de la República. Revista electrónica. Publica los dictámenes y opiniones jurídicas más solicitados durante el trimestre, artículos y publicaciones jurídicas elaborados por funcionarios de la PGR y leyes, decretos y reglamentos de reciente publicación.

Se publica trimestralmente. No tuve acceso a más datos de identificación

Cúpula. Revista oficial del Hospital Nacional Psiquiátrico creada por iniciativa del Dr. Abel Pacheco de la Espriella y el Prof. Fernando Centeno Güell en 1975.

El primer texto se publicó en el Departamento de Publicaciones del Ministerio de Educación Pública. Su nombre hace honor a la cúpula del antiguo Hospital Manuel Antonio Chapuí, declarado Monumento Nacional en 1974.

A partir de 1977 un Consejo Editor inició la coordinación con la Imprenta Nacional, para hacer una publicación periódica cuatrimestral con un nuevo formato. Su meta principal es difundir los resultados del proceso de investigación, el progreso del tratamiento de las enfermedades mentales y su prevención. Las creaciones literarias complementan este fin.

Gaceta Oficial. Hizo su aparición el 7 de diciembre de 1844 y su fin primordial fue dar al público las noticias que se recibían de la frontera y de los otros estados. Corría a cargo del Ministerio y circulaba por medio de los agentes de la administración.

Un periódico homónimo bimestral se imprimió en la Imprenta Nacional. La suscripción semestral costaba dos reales. Fue continuación de la Gaceta Oficial de Costa Rica que terminó con el N° 111 del 1 de junio de 1861.

Empezó con el N° 112 de fecha 5 de junio del mismo mes y terminó el 19 de febrero de 1878.

Gaceta Oficial de Costa Rica. Apareció el 19 de agosto de 1859 con periodicidad bisemanal. Se imprimió en la Imprenta Nacional y la suscripción semestral costaba doce reales. Dejó de circular al arribar al número 111 el 1° de junio de 1861. Tuvo como redactores a Joaquín B. Calvo, Uladislao Durán y Célimo.

La Gaceta. Fue la continuación de Gaceta del Gobierno de Costa Rica. Cambió de formato desde su primer número, que fue el 130 de la colección, con fecha 24 de mayo de 1851.

Termina con el No. 168 del 28 de febrero de 1852 para volver al primitivo de Gaceta del Gobierno de Costa Rica.

Ministerial de Costa Rica. El primer número circuló el 15 de setiembre de 1836. Publicaba los decretos de la Asamblea, los Actos del Ejecutivo y Comunicaciones oficiales de Centro América.

Mentor Costarricense. Comenzó a publicarse el 31 de diciembre de 1842, Publicación emitida por disposición de Don José María Castro Madriz como ministro de gobierno, con el propósito de establecer un órgano de opinión y de proyección cultural del país. Los primeros editores fueron Vicente Castro, director general de Imprenta, Joaquín Bernardo Calvo, José León Fernández y J. Bonilla. Otros editores fueron José María Castro, Felipe Molina, así como otros destacados intelectuales

El 31 de diciembre, pero de 1848, apareció un periódico homónimo, sostenido por cuatro editores de nombramiento del gobierno, con el objeto de que la opinión pública cooperase también a la felicidad del Estado.

El Instructor. El 9 octubre de 1880, mediante Acuerdo Nº. XLIII, la Secretaría de Instrucción Pública determinó la creación de un periódico con dicho título "En atención a que muchas de las enfermedades que, principalmente en los campos, atacan y causan la muerte de los niños y aun de personas adultas, provienen de la falta de conocimiento del pueblo, en punto á reglas de higiene y a otros medios de precaver los males y tratarlos cuando acometen; a que esa misma falta de conocimiento en varios otros órdenes de cosas, es a veces la causa de los malos resultados en cualquier género de empresas; a que todo esto reclama difusión, en las masas, de aquellas luces fáciles de poner a su alcance y que más inmediatamente pueden influir en su mejora moral, su salubridad, aumento y bienestar; y en fin, a que la manera más obvia de verificar tal difusión, es fundar un periódico popular que, suministrándolo gratis a todos los alumnos de las escuelas de la República, éstos puedan transmitir a sus padres la enseñanza que contenga: el Presidente de la República".

El Costarricense. Primer periódico oficial. Apareció el 14 de noviembre de 1846 y fue establecido por decreto del 3 de octubre anterior.

Crónica de Costa Rica. Vio la luz pública el 1 de abril de 1857. Fue continuación del Boletín Oficial que cesó de publicarse a finales de marzo según acuerdo gubernativo. Se insertaban todos los documentos oficiales del gobierno nacional, tribunales y autoridades locales.

II.2.2. Periodismo no oficial

II.2.2.1. Noticioso Universal: primer periódico

Joaquín Bernardo Calvo es considerado el padre del periodismo costarricense por haber fundado el viernes 4 de enero de 1833 el semanario Noticioso Universal. Llevó o en su portada el lema "Non nobis mati sumus, nan partem vindicat patria", que traducido al español decía: "No hemos nacido los hombres para nosotros mismos sino para ser útiles a nuestros semejantes".

Este periódico tuvo apenas dos años de vida, y entre sus muchos colaboradores estuvieron, Joaquín de Iglesias y el presbítero José Francisco de Peralta.

El prospecto que anunció su salida circuló el 24 de diciembre de 1832.

II.2.2.2 Correo de Costa Rica: Segundo periódico

Pudo haber sido Correo de Costa Rica el primer periódico costarricense o compartir ese lugar histórico con el Noticioso Universal, ya que vio la luz un día después de que éste lo hiciera, justamente el 5 de enero de 1833.

Su espacio redaccional fue ocupado en primer lugar por las leyes, decretos y resoluciones del gobierno, y, en segundo término, las noticias políticas y mercantiles del extranjero, educación, comunicados y avisos comerciales.

II.2.2.3. La Tertulia: Tercer periódico

El 21 de febrero de 1834, apareció La Tertulia, el tercer periódico de ese país, inicialmente con periodicidad quincenal y luego semanal.

Constituía el órgano de un grupo de personas que se reunían en la casa de Vicente Castro, conocido como "Padre Arista".

Este periódico nació para combatir al gobernante de turno, José Rafael de Gallegos y al éste renunciar, en señal de triunfo, cerró sus puertas en 1835.

Circulaba los días 6 y 21 de cada mes, pero desde el número 22 del 8 de agosto del mismo año se convirtió en semanario.

III. LOS OTROS PERIÓDICOS DEL SIGLO XIX

El Heraldo. Entre 1890 y 1891 se publicó como El Heraldo: diario republicano independiente; entre 1896 y 1901 se llamó "El Heraldo de Costa Rica: diario del comercio" y en 1904 y 1905 el título cambió a "El Heraldo de Costa Rica: diario la mañana", pero mantuvo una numeración continua. Entre sus directores sobresalieron Pío Víquez y Aquileo Echeverría.

La Prensa Libre. Este periódico, todavía en circulación, hizo su aparición el 11 de junio de 1899, bajo la dirección de Juan Fernández Ferraz. Se le considera el decano de la prensa nacional. Entre sus directores históricos se cuentan al periodista, poeta e historiador salvadoreño Francisco Gaviria, el poeta nicaragüense Rubén Darío, los escritores costarricenses Roberto Brenes Mesén y José Marín Cañas. Luego, el periódico sería adquirido por José Borrasé Rovira.

Álbum Semanal. Este semanario se publicó el 12 de setiembre de 1856 y fue editado por J. Carranza y G.F. Cauty. Incluía información variada nacional e internacional y se imprimía en la Imprenta El Álbum.

Álbum de la Paz. Vio la luz pública el 16 de junio de 1855. Estuvo suspenso por poco tiempo y volvió a reaparecer en agosto de 1856.

Álbum. Apareció en 1859. Semanal. Se editó en la Imprenta La Paz. Tuvo como editor responsable a Bruno Carranza. La suscripción semestral costaba un escudo, y cada número un real.

Aurora. Apareció el 8 de marzo de 1868. Semanal. Heredia. Imprenta de Carranza y hermano. Fue editado y redactado por Vicente C. Segrega.

Boletín Electoral. Surgió el 27 de enero de 1886 con el fin de promover la candidatura a la presidencia de Bernardo Soto. Informaba sobre el partido, sus miembros y adhesiones.

Boletín Quincenal del Costarricense. San José. Quincenal. Imprenta Nacional. Vio la luz pública el 25 de febrero de 1847.

El Telégrafo. Se le considera el precursor del diarismo costarricense. Apareció en Cartago en fecha no precisada de 1875. Fue fundado por los hermanos Francisco y Pedro Ulloa.

Blanco y Negro. Semanario político editado por Federico Salazar. Se publicaba los sábados. Apareció el 10 de enero de 1899.

Boccacio. Periódico dirigido por Aquileo Echeverría y redactado por varios jóvenes. Se proclamaba como una publicación "jocoso-serio y literario. Apareció el 5 de marzo de 1887.

Costa Rica. El primer número apareció el 17 de junio de 1893.

Correo de Costa Rica. Su primer número vio la luz pública el 5 de enero de 1833, un día después de la salida del "Noticioso Universal". Publicaba las leyes, decretos y resoluciones del gobierno, noticias políticas y mercantiles del extranjero, educación, comunicados y avisos comerciales.

Diario de Costa Rica. Vio la luz pública el 1 de enero de 1885, dirigido por Joaquín Bernardo Calvo y fundado por el periodista y diplomático salvadoreño Alberto Masferrer y el poeta y escritor guatemalteco Máximo Soto. Su importancia radica en que fue el que fijó el diarismo en el país. Incluía información sobre diversos tópicos. Según Adolfo Blen, con este periódico "quedo forjado en una manera definitiva el diarismo en Costa Rica ya que era una verdadera necesidad".

Diario del Comercio. Editado por su propietario Justo A. Facio y redactado por Rubén Darío. El primer número se publicó el 1 de diciembre de 1891.

El Heraldo. Empezó a publicarse el 30 de octubre de 1890 y marcó cambios importantes en el periodismo, especialmente por la calidad de sus contenidos, más que en su formato.

El Progreso de Limón. El primer número circuló el 2 de febrero de 1898 y publicaba información variada, literatura, comercio, etc.

Pertenecía a la empresa Céspedes y Cía. Edición bilingüe español-inglés.

Eco Católico. Semanario de la Iglesia Católica en Costa Rica. Fue fundado el 6 de enero de 1883 por monseñor Bernardo Augusto Thiel, segundo obispo de San José de Costa Rica. Un estudio general de medios lo ubica como el primer semanario de ese país. Está adscrito a la Conferencia Episcopal de Costa Rica. Desde su fundación ha formado e informado desde una perspectiva cristiana católica para evangelizar y contribuir así al desarrollo integral de nuestros lectores y de toda la sociedad costarricense.

El Pabellón Español. Fue un semanario que inició su publicación en fecha no determinada de 1895, como el órgano defensor de los intereses españoles. Tuvo inicialmente como director a Ceferino Álvarez Iturrioz y posteriormente pasó a cargo del Centro Español. Incluía artículos y noticias sobre España como informativo para la comunidad de españoles residentes en Costa Rica.

El Municipio. Fue redactado y administrado por Octavio Beeche e impreso en la Imprenta Nacional. El primer número apareció el 20 de diciembre de 1887.

El Nacional. Tuvo como editor a F.B. Campuzano. El primer número el 1 de febrero de 1884. Fue impreso en la Imprenta El Álbum.

El Naranjeño. Fue administrado por su propietario Lorenzo Corrales y redactado por "varios jóvenes". Su primer número se publicó en Naranjo en fecha no determinada de 1889. Adversaba las políticas liberales e incluía información de interés para esa ciudad.

El Mensajero. Semanario que salió a la luz el 12 de marzo de 1881. Incluía temas políticos y administrativos de carácter nacional, así como noticias internacionales, y una sección literaria que ofrecía novelas escogidas y publicadas por capítulos coleccionables. También tenía una sección en inglés que publicaba las noticias y acuerdos de la administración pública que eran de mayor interés.

El Instituto Nacional. El primer número apareció el 7 de marzo de 1881. Fue Editado por Valeriano F. Ferraz e impreso en la Imprenta Nacional. Incluía información sobre los cursos, programas, exámenes, etc. dirigido a los estudiantes del Instituto Nacional.

El Irazú. Editado por Francisco Ulloa Mata e impreso en la Imprenta Ulloa. El primer número circuló el 20 de enero de 1884.

El Imparcial. Semanario editado por F. Mora, que comenzó a circular en octubre de 1880. Se imprimió en la Imprenta La Tiquetera.

El Impresor. Se publicaba los domingos y apareció en fecha no determinada de 1863. Impreso en la Imprenta de La Paz.

El Guanacasteco. Se promocionaba como un "periódico dedicado a los intereses de la provincia". El primer número se publicó en Liberia el 31 de enero de 1897, editado por Emilio Alpízar.

Esfuerzos del Patriotismo. Alajuela. El primer número salió el 7 de enero de 1837 de manera semanal.

El Observador. Apareció en fecha no determinada de 1850 y tuvo como redactor a Lorenzo Montúfar.

El Guerrillero. Periódico satírico creado con el exclusivo objeto de combatir la República Trina. Su primer número apareció el 28 de marzo de 1850.

El Amigo del Pueblo. Apareció el primero de junio de 1851 y tuvo por mira educar al pueblo con artículos sencillos sobre los deberes y obligaciones del ciudadano, sobre métodos para mejorar la agricultura y la ganadería y consejos higiénicos para conservar la salud.

El Álbum Semanal Weekly Álbum. Empezó a publicarse el 12 de setiembre de 1856 con motivo de la situación política de Nicaragua en esa época. La segunda hoja de este semanario se publicaba en inglés.

El Pasatiempo. Periódico de índole literaria que se publicaba los lunes y jueves de cada semana bajo la dirección de E. U. Durán y que salió a la luz los primeros días del mes de agosto de 1857. Con igual título redactó Uladislao Durán un semanario que salió a la luz pública el 16 de diciembre de 1860. Se editó en la Imprenta del Álbum.

El Pueblo. Periodicidad semanal. Se imprimía en la Imprenta Nacional y costaba medio real. Número del día medio real. Apareció el 3 de noviembre de 1859.

El Cencerro. El primer número apareció el 4 de octubre de1867 y el último el 9 de mayo de 1868. Alajuela. Semanal. Imprenta de Sobaja. El ejemplar costaba diez centavos.

El Travieso. Apareció a mediados del mes de diciembre de 1867. San José. Quincenal. Imprenta "La Paz". Costaba diez céntimos el ejemplar.

El Duende. Vio la luz pública a principios del mes de enero de 1868. Cartago. Semanal. Imprenta "El Duende". Costaba un peso el ejemplar y fue redactado por F. Mata.

El Porvenir. El primer número salió a la luz pública el 1 de abril de 1868. Semanal. Alajuela. Imprenta "El porvenir". Costaba diez centavos el ejemplar y tuvo como editor a J. R. Casorla.

El Ensayo. El primer número salió en julio de 1868. Semanal. San José. Costaba diez centavos.

El Corsario. Circulo el 9 de setiembre de 1868. Semanal. San José. Imprenta de "la Paz". Tuvo como editor responsable a Burriganga.

El Cometa. Apareció el 25 de octubre de 1868. San José. Imprenta de "La Verdad". Costa diez centavos el ejemplar.

El Debate. El primer número apareció el 28 de agosto de 1869. San José. Semanal. Imprenta de "El Álbum". Editor y redactor responsable Álvaro Contreras.

El Recreo. 1873 San José. Semanal. Imprenta de La Paz. Circuló el primer número el 10 de mayo de 1873.

El Estudiante. Apareció el 27 de abril de 1870. Semanal. Imprenta del Álbum. Costaba 10 centavos. Redactor y responsable Ángel Anselmo Castro. Otro periódico homónimo, quincenario, circuló el primero de enero de 1875, bajo la responsabilidad de Ángel Anselmo Castro. Se imprimió en Imprenta de Guillermo Molina. La suscripción trimestral costaba sesenta centavos.

El 7 de Noviembre. El primer número apareció el 7 de noviembre de 1890. Fue un periódico político social, que se promovía como "publicación de la quincenal de la sociedad de los independientes" y editado por León Moya.

Después se publicaba semanalmente y se anunciaba como "periódico democrático, político social del partido de los independientes", con la dirección de Andrés Céspedes.

El Tiempo. Fue editado por Faustino Víquez en la Imprenta Nacional. El primer número apareció el 10 de agosto de 1882. Un periódico homónimo comenzó a publicarse el 19 de setiembre de 1899 bajo la dirección de su propietario Tacio Castro quién arrendó la imprenta de Jenaro Valverde. Se anunciaba como un diario independiente que incluía noticias nacionales e internacionales, secciones literarias, comentarios sobre espectáculos, entre otros.

El Tribuno. Inició su publicación el 24 de setiembre de 1882, bajo la dirección de F. Montero B. y administrado por la imprenta La Tiquetera. Se anunciaba como un periódico literario, político, científico y de variedades y órgano del Partido Liberal.

El Zancudo. Fue un periódico editado por José A. Valladares en la tipografía de La Prensa Lib, que circuló por primera vez en enero de 1894.

El Siglo XIX. Fue editado por sus propietarios Antonio C. de Janon G. y González B. Se comenzó a publicar en abril de 1889. La impresión se hizo en la imprenta del Siglo XIX.

El Mercado. Semanario gratuito que se publicaba los sábados. El primer número circuló el 30 de agosto de 1873. Fue impreso en la Imprenta Nacional.

El Latiguillo. Periódico de humor gráfico y de contenido político, comenzó a publicarse el 4 el julio de 1873. Fue dirigido por su propietario Rafael Flores Castro.

El Rayo. Fue una publicación aparecida el 15 de agosto de 1896. Tuvo como director y redactor a Rafael Carranza. Se imprimió en la imprenta La Paz. Y publicaba informaciones varias, colaboraciones, noticias, etc.

El Reeleccionista. Comenzó a publicarse en fecha no precisada de1897. Fue periódico político y órgano del Partido Civil que apoyaba la candidatura presidencial de don Rafael Iglesias para el periodo 1898-1902. Lo redactó Miguel A. Salazar.

El Pueblo. El primer número apareció el 15 de diciembre de 1877. Fue un semanario editado y dirigido por Pedro Gutiérrez que se imprimió en Alajuela por la Imprenta de la República. Se promocionaba como una publicación política y de variedades.

En fecha no determinada de 1897 apareció en Puntarenas una publicación homónima editada por Julián Guerrero. Era bisemanal y generalista.

El Quincenal Josefino. Fue Editado por Florencio Castro. El primer número circuló el 1 de enero de 1884 y se imprimió en la Imprenta de la Libertad. Al desaparecer lo sucedió El Semanal Josefino.

El Partido Liberal. Fue un semidiario que se promocionaba como "órgano de los intereses generales del país en todos los ramos de la vida pública". Comenzó a circular en fecha no determinada de 1890. Lo editó P. Salazar S. y lo administró M. Monge. Un periódico bisemanal homónimo de política, literatura y variedades editado por Raymundo Berdugo Toruño en la imprenta de José Canalías apareció en fecha no determinada.

El Semanal Josefino. Fue editado y redactado por Lorenzo, Rafael y Manuel Montúfar. El primer número apareció el 17 de noviembre de 1882 y se promocionaba como el sucesor de El Quincenal Josefino. Se imprimía en la Imprenta La Paz.

El Preludio. Publicación semanal cuyo primer número apareció el 29 de diciembre de 1878. Fue editado por Hilarión Aguirre y redactado por Máximo Fernández. La impresión se efectuó en la imprenta La Paz. Tuvo como lema: "Eco de la Juventud Costarricense".

El Albor. Órgano de la juventud costarricense. El primer número se publicó el 9 de octubre de 1881. Editado por Miguel Obregón L. e impreso por la Imprenta Nacional.

El Pacífico. Fue un bisemanario de intereses generales y artículos políticos editado en Puntarenas por Carlos Clavera en fecha no determinada de 1896. Se imprimía en la tipografía El Pacífico.

El País. Fue un periódico dirigido por Juan María Murillo y administrado por Jorge Echeverría, cuyo primer número se publicó el 16 de junio de 1896. Ofrecía noticias nacionales e internacionales

El Adalid Católico. Periódico de contenido religioso. Redactado y administrado por Víctor de Gréve. El primer número fue publicado el 13 de julio de 1895. Impreso en la Tipografía San José.

El Cadejos. Semanario político, caricato, satírico e independiente. Fue redactado por Emilio Granados. El primer número circuló el 23 de febrero de 1894 y se imprimía en la tipografía La Tiquetera.

El Canal de Centroamérica. Apareció en la campaña política de 1889 en apoyo del partido de Ascensión Esquivel. Circuló desde el 8 de mayo hasta el 22 de junio de ese año. Se editaba en la imprenta La Paz y promovía la construcción del canal interoceánico en la zona limítrofe con Nicaragua. Fue el primer periódico comercial vespertino, e incluía muchas notas sociales.

El Grito del Pueblo. Semanario independiente de información variada. El primer número salió el 1 de octubre de 1898 y fue editado por L. Mora A. Se imprimía en la Imprenta La Tiquetera.

El Ferrocarril. Semanario que se imprimió en la Imprenta de La Paz. La suscripción trimestral costaba un peso y el número del día 10 centavos. Se desconocen otros datos de identificación.

Un periódico homónimo se promocionaba como "diario independiente, noticioso y de variedades" y fue editado por su propietario F. Mora en fecha no determinada de 1891.

El Fígaro. Un diario de información general que no circulaba los domingos, cuyo primer número se publicó el 16 de mayo de 1897. Lo fundó, dirigió y redactó Manuel Argüello de Vars y se imprimió en la Imprenta Española.

El Gato. El primer número apareció el 18 de abril de 1858. Fue un semanario dirigido y redactado por Víctor Fernández G. que se promocionaba como una publicación "política, liberal y subvencionada".

El Gato. Semanario satírico. Comenzó a circular el domingo 18 de abril de 1858. Como alegoría de su título ostentaba en su portada un gato en actitud de arañar. Tuvo como editor a J.A. Mendoza, director de la Imprenta Nacional, en la cual era impreso.

El Globo. Eco de la juventud. El primer número circuló el 29 de julio de 1882. Generalista. Fue dirigido por Jenaro Cardona.

El Grano de Arena. Este semanario generalista apareció en fecha no determinada de 1894. Tuvo como editores a Luis Castro, Manuel Argüello H. y Matías Trejos.

Un mensuario homónimo que se promovía como una "revista racionalista", hizo su aparición el 1 de enero de 1896. Tuvo como primer editor a Domingo Núñez, y posteriormente fue editado por Pedro Pérez.

El Espectador. Semidiario político y de variedades Dirigido por su propietario Ernesto Martín y editado por A. Gómez Jaime. Comenzó a circular en junio de 1897 y combatía la reelección de Rafael Iglesias a la Presidencia de Costa Rica.

El Escudo. Periódico político y de variedades redactado por Víctor M. Quijano. El primer número salió el 21 de febrero de 1899 y fue Impreso en la Tipografía La Paz.

El Faro. Publicación editada por Rafael Loaiza cuyo primer número se publicó el 16 de febrero de 1895. Fue Impreso en la Tipografía Liberal.

El Diablo Cómico. Periódico político, satírico y enigmático redactado por Emilio Granados y administrado por Adán Mora. El primer número circuló el 1 de setiembre de 1894.

El Farol. Periódico del Partido Liberal fundado en fecha no determinada de 1894. Lo editó Elías González y tuvo como redactor Gastón D'Acosta.

El Ensayo. Fue un semanario editado por J. Fulgencio Carranza y dirigido por Mauro Aguilar. Inició su publicación en fecha no determinada de 1863 e incluía noticias nacionales e internacionales.

Una publicación periódica homónima que se promocionaba como un periódico científico, literario y de actividades fue editada por José María Solano y redactada por Alberto Brenes. El primer número circuló el 7 de octubre de 1880 y fue impresa en la imprenta La Paz.

El Costarricense. Periódico semioficial que incluía legislación, política, e información sobre la labor del gobierno. El primer número apareció en fecha no determinada de 1870.

El Costa-Ricense. Semanario oficial producido en la imprenta del Estado que tuvo como director a Nazario Toledo. Su primer número se publicó el 14 de noviembre de 1846 y publicaba artículos, editorial, acuerdos, notas de gobierno, noticias extranjeras, entrada y salida de barcos, etc.

El Correo de Costa Rica. Periódico bisemanal, redactado por su propietario Ricardo González G. Generalista. El primer número salió el 23 de diciembre de 1888.

El Correo de San José. Se promocionaba como "periódico industrial, literario y de variedades". Fue redactado por Guillermo Falla Gaitán y Alfredo Gómez Jaime e impreso en la Tipografía Costarricense. El primer número salió el 18 de abril de 1897.

El Comercio de Costa-Rica. Comenzó a publicarse en fecha no determinada de 1870. De periodicidad semanal. Daba cabida a información sobre política, ciencias, industria, comercio y agricultura.

El Cometa. Cartago. Fue editado por Emilio J. Carranza y redactado por Ramón Acuña y Ramón Quesada. El primer número circuló el 21 de junio de 1894 y se imprimió en la tipografía El Cometa.

El Ciudadano. Periódico político independiente cuyo primer número se publicó el 30 de julio de 1880. Fue editado y dirigido por Pedro Pérez Zeledón. Publicó información política, así como lo referente a la Asamblea Constituyente constituida. El 31 de agosto del mismo año incluyó el suplemento Diario de los Debates.

El Observador. Apareció en 1850 y tuvo como redactor a Lorenzo Montúfar.

El Guerrillero. Periódico satírico creado con el exclusivo objeto de combatir la República Trina. Su primer número apareció el 28 de marzo de 1850.

El Amigo del Pueblo. Apareció el primero de junio de 1851 y tuvo por mira educar al pueblo con artículos sencillos sobre los deberes y obligaciones del ciudadano, sobre métodos para mejorar la agricultura y la ganadería y consejos higiénicos para conservar la salud.

El Comercio. Surgió en fecha no determinada de1886 con el fin de promover la candidatura a la presidencia de Bernardo Soto.

El Pasatiempo. Periódico de índole literaria que se publicaba los lunes y jueves de cada semana bajo la dirección de E. U. Durán y que salió a la luz los primeros días del mes de agosto de 1857.

Fray Serafín. Se comenzó a publicar el 26 de octubre de 1896. Redactor: Pedro N. Garrido C. Impresión: tipografía La Prensa Libre.

Gaceta Médica de Costa Rica. Es el órgano oficial de la Academia Nacional de Medicina de Costa Rica. La revista publica trabajos originales, artículos de revisión, informes de casos, documentos resultados de conferencias, seminarios y foros en la Academia, pronunciamientos y editoriales, todos relacionados con temas de salud, medicina y de carácter cultural. El primer número apareció en 1896. Periodicidad semestral.

Heraldo de Cañas. Cañas. Se promocionaba como el "órgano de los intereses del municipio". El primer número apareció en agosto de 1899. Fue editado por Benjamín Novoa.

Hoja de Avisos. 1865, San José. Semanal. Imprenta Nacional. Publicaba los avisos judiciales, comerciales e industriales suprimidos de la Gaceta Oficial.

Horas de Solaz. La historia registra esta publicación como la primera revista aparecida en este país, en San José, el 19 de julio de 1871. De circulación semanal, se publicó en la Imprenta Nacional.

La Noticia. Apareció en fecha no determinada de 1878 a instancias del periodista colombiano Juan N. Venero. Dividió por primera vez los textos por secciones.

La Unión. Periódico político, económico, mercantil, de literatura y bellas artes. Circuló por primera vez el domingo 1 de agosto de 1858. Se propuso ser el genio tutelar de la libertad de Costa Rica.

La Paz. Se produjo su salida en el mes de marzo de 1846.

La Paz y El Progreso. Vio la luz pública el 30 de noviembre de 1847 y fueron sus redactores Nicolás Gallegos y Bruno Carranza. Se fundó a iniciativa del presidente Dr. José María Castro. Estampaba en el anverso las horas de salida de los correos en toda la República, las fechas de sus llegadas, datos astronómicos, el calendario semanal, precios de artículos, cambio de moneda, temas de educación, agricultura, administración e historia.

La Voz del Pueblo. Semanario que se imprimía en la imprenta "La Paz". Costaba un real y salió a la luz pública en agosto de 1860. Vida efímera.

La Estrella del Norte. Apareció en Cartago a fines de diciembre de 1863. Semanal. Costaba un real el ejemplar y cuatro reales la suscripción bimestral.

Nueva Era. Semanario redactado por José María Castro, Juan Ulloa, Rafael Ramírez, Fernando Streber y Enrique Twight. Su primer número se publicó el 17 de setiembre de 1859.

Un diario católico de la tarde homónimo se publicó el 6 de noviembre de 1916. Fue dirigido y redactado por el Centro La Verdad. Lo editó Luis Cartín G.

La Patria. Vio la luz pública el 24 de diciembre de 1865 y dejó de circular en 1866. San José. Semanal. Imprenta de "La Patria". Tuvo como director y editor a Mauro Aguilar.

La Época. 1866. San José. Semanal. Imprenta La Libertad. Costaba un real el ejemplar y la suscripción trimestral medio escudo. Fue dirigido por Ramón Castro Saborío.

La Verdad. Apareció en octubre de 1868. Semanal. San José. Imprenta de "La Verdad". Costaba diez centavos el ejemplar.

La Opinión. Circuló en octubre de 1868. Semanal. Cartago. Imprenta de "La Opinión". Costaba Diez centavos el ejemplar.

La Oposición. Circuló por primera vez durante el mes de octubre de 1868. Alajuela. Imprenta de F Carranza. El ejemplar costaba diez centavos.

La Chirimía. Salió a luz pública el 27 de abril de 1870.San José. Semanal. Imprenta de "La Paz". Lo editó Rafael Carranza.

La Prensa Libre. El primer número apareció el 11 de junio de 1889 y es parte de la Sociedad Periodística Extra LTDA. Este diario es conocido como "El Decano de la Prensa Nacional" y formó parte de los medios de comunicación impresa hasta diciembre de 2014, cuando se convirtió en un medio informativo digital, apostando por las necesidades del lector actual. Circula todos los días. Director Emérito: William Gómez Vargas Gerente General: Lary Gómez Quesada. Director: Marco Antonio González. Subdirectora: Sandra González Vargas.

La Voz del Pueblo. Periódico político de oposición redactado por Emilio Granados. El primer número se publicó el 21 de agosto de 1897.

Ferrocarril. 1872. San José. Semanal. Imprenta de La Paz. Suscripción trimestral un peso, número del día 10 centavos.

La Unión Católica. Publicación bisemanal cuyo primer número circuló el 21 de mayo de 1890. Fue editada por la Sociedad de la Unión

Católica y tuvo como redactor José María Sánchez. Tuvo como objetivo promover los preceptos católicos contra las corrientes liberales y francmasónicas que habían influido los gobiernos anteriores al de José Joaquín Rodríguez. Se convirtió en diario en 1893 y dejó de publicarse en 1897 debido a las políticas restrictivas de la libertad de prensa impuestas por el gobierno de Yglesias.

La Unión Liberal. Órgano del club político homónimo. Bisemanario editado por José Joaquín Trejos y administrado por Tranquilino Chacón. El primer número se publicó el 9 de setiembre de 1889. Promovía la candidatura a la Presidencia de la República de Ascensión Esquivel.

La República. Matutino. El primer número apareció el 1 de agosto de 1886, sustituyendo a los semanarios El Crepúsculo y El Trabajador. Fue dirigido por Juan Vicente Quirós. En sus inicios se promovió como una publicación de análisis político, de carácter independiente. Pero a partir de 1888, cambió de director y se convirtió en un periódico de apoyo al gobierno y participó en arduas campañas de discusión a favor de los intereses del partido gobernante.

La Opinión. Semanario independiente. Apareció en Heredia el 26 de setiembre de 1896, bajo la edición de Juan Miranda. Órgano de los intereses del pueblo. Se imprimía en la Tipografía La Herediana.

En fecha y lugar no determinados apareció una publicación homónima que antes se llamó Diario del Comercio dirigido por Guillermo Vargas. Incluía información variada, noticias nacionales e internacionales, literatura, anuncios comerciales, entre otros.

La Revista. A pesar del título, era sin embargo un periódico bisemanal que comenzó a circular el 6 de abril de 1899 bajo la dirección su propietario Eduardo Calsamiglia. Incluía artículos literarios, científicos, políticos y crónicas sociales nacionales y europeas. La sección folletín publicaba una novela de un autor notable pero que no era conocida en Costa Rica, según lo anunciaba el propio periódico.

La Tertulia. Fue una publicación primero quincenal y luego semanal. Su primer ejemplar apareció el viernes 21 de febrero de 1834. Era de índole política.

La Estrella del Norte. Apareció en Cartago a fines de diciembre de 1863. Semanal. Costaba un real el ejemplar y cuatro reales la suscripción bimestral.

La Patria. Vio la luz pública el 24 de diciembre de 1865 y dejó de circular en 1866. San José. Semanal. Imprenta de "La Patria". Tuvo como director y editor a Mauro Aguilar.

La Época. 1866. San José. Semanal. Imprenta.

La Libertad. Costaba un real el ejemplar y la suscripción trimestral medio escudo. Fue dirigido por Ramón Castro Saborío.

Ensayos de Libertad. Su circulación comenzó a mediados del mes de octubre de 1834. Fue el órgano de la Sociedad Patriótica. Criticó la conducta de los funcionarios que no cumplían con su deber, publicó los acuerdos tomados por la sociedad y toda clase de comunicados de la provincia de Cartago.

Esfuerzos del Patriotismo. Alajuela. El primer número salió el 7 de enero de 1837 de manera semanal.

El Noticioso. Empezó a circular en julio de 1938 para hacer conocer al público las noticias de interés general tanto nacionales como extranjeras, decretos de la asamblea, actos del ejecutivo y comunicaciones oficiales de Centro América.

El Cencerro. El primer número apareció el 4 de octubre de1867 y el último el 9 de mayo de 1868. Alajuela. Semanal. Imprenta de Sobaja. El ejemplar costaba diez centavos.

El Travieso. Apareció a mediados del mes de diciembre de 1867. San José. Quincenal. Imprenta "La Paz". Costaba diez céntimos el ejemplar.

El Duende. Vio la luz pública a principios del mes de enero de 1868 Cartago. Semanal.

Imprenta "El Duende". Costaba un peso el ejemplar y fue redactado por F. Mata.

El Ensayo. San José. Semanal. Imprenta La Paz. Tuvo como editor responsable a J. Fulgencio Carranza. El director y redactor principal fue Mauro Aguilar. Costaba un real el ejemplar y la suscripción semestral un escudo.

Hoja de Avisos. 1865. San José. Semanal. Imprenta Nacional. Publicaba los avisos judiciales, comerciales e industriales suprimidos de la Gaceta Oficial.

Nueva Era. Semanario que se imprimió en la Imprenta Nacional. Tuvo como redactores a José María Castro, Juan Ulloa, Rafael Ramírez, Fernando Streber y Enrique Twight. Cuatro páginas en cuarto mayor y costaba un real.

Gaceta Oficial de Costa Rica. Apareció el 19 de agosto de 1859 con periodicidad bisemanal. Se imprimió en la Imprenta Nacional y la suscripción semestral costaba doce reales. Dejó de circular al arribar al número 111 el 1º de junio de 1861. Tuvo como redactores a Joaquín B. Calvo, Uladislao Durán y Célimo.

La Estrella de Irazú. San José. Bimestral. Imprenta El Álbum. Costaba diez centavos el ejemplar. Fue editado por Bruno Carranza.

Aurora. Apareció el 8 de marzo de 1868. Semanal. Heredia. Imprenta de Carranza y hermano. Fue editado y redactado por Vicente C. Segrega.

El Porvenir. El primer número salió a la luz pública el 1 de abril de 1868. Semanal. Alajuela. Imprenta "El porvenir". Costaba diez centavos el ejemplar y tuvo como editor a J. R. Casorla.

El Ensayo. El primer número salió en julio de 1868. Semanal. San José. Costaba diez centavos.

El Corsario. Circulo el 9 de setiembre de 1868. Semanal. San José. Imprenta de "la Paz". Tuvo como editor responsable a Burriganga.

La Verdad. Apareció en octubre de 1868. Semanal. San José. Imprenta de "La Verdad". Costaba diez centavos el ejemplar.

El Cometa. Apareció el 25 de octubre de 1868. San José. Imprenta de "La Verdad". Costa diez centavos el ejemplar.

La Opinión. Circuló en octubre de 1868. Semanal. Cartago. Imprenta de "La Opinión". Costaba Diez centavos el ejemplar.

Flores y Espinas. Circuló en el mes de octubre de 1868. San José. Semanal. Imprenta de F Carranza. Redactor anónimo.

La Oposición. Circuló por primera vez durante el mes de octubre de 1868. Alajuela. Imprenta de F Carranza. El ejemplar costaba diez centavos.

El Debate. El primer número apareció el 28 de agosto de 1869. San José. Semanal. Imprenta de "El Álbum". Editor y redactor responsable Álvaro Contreras.

La Chirimía. Salió a luz pública el 27 de abril de 1870.San José. Semanal. Imprenta de "La Paz". Lo editó Rafael Carranza.

Horas de Solaz. San José. Salió a la luz pública el 19 de julio de 1871.Semanal. Imprenta Nacional. Fue la primera revista aparecida en ese país.

Ferrocarril. 1872. San José. Semanal. Imprenta de La Paz. Suscripción trimestral un peso, número del día 10 centavos.

El Recreo. 1873. San José. Semanal. Imprenta de La Paz. Circuló el primer número el 10 de mayo de 1873.

Boletín Quincenal del Costarricense. 1874. San José. Quincenal. Imprenta Nacional. Vio la luz pública el 25 de febrero de 1847.

El Estudiante. Apareció el 27 de abril de 1870. Semanal. Imprenta del Álbum. Costaba 10 centavos. Redactor y responsable Ángel Anselmo Castro. Este mismo personaje editó el 1 de enero de 1875 en la Imprenta de Guillermo Molina un periódico quincenal homónimo cuya suscripción trimestral costaba sesenta centavos.

La Prensa Libre. El primer número apareció el 11 de junio de 1889 y es parte de la Sociedad Periodística Extra LTDA. Este diario nace es conocido como "El Decano de la Prensa Nacional" y formó parte de los medios de comunicación impresa hasta diciembre de 2014, cuando se convirtió en un medio informativo digital, apostando por las necesidades del lector actual. Circula todos los días.

La Opinión Nacional. Órgano del Partido Liberal. El primer número circuló el 10 de julio de 1889. Fue editado y administrado por José M. Gutiérrez.

La Oposición. Periódico de carácter político que se anunciaba como el "órgano de la empresa privada, periódico verdaderamente liberal, defensor de los intereses del pueblo y partidario decidido a la candidatura del Lic. Don José Joaquín Rodríguez". El primer número se publicó el 25 de agosto de 1889. Fue editado por Miguel A. Salazar.

La Palanca. La fuente consultada indica que fue un periódico semanario aparecido "en 1882 editado por Juan Fernández Ferraz" que se promovía como el "órgano del comercio, la industria, y la agricultura, algo de literatura y ciencias e intereses generales".

La Nación. Periódico bisemanal editado por el Partido Nacional. El primer número apareció el 15 de enero de 1892.

También de carácter político, el 3 de febrero de 1909 vio la luz pública un periódico de igual título "del pueblo y para el pueblo" que editó y administró Juan Rafael Vargas. Apoyaba la candidatura a la Presidencia de la República de Pánfilo Valverde.

La Mosca. Periódico quincenal que se inició en enero de 1881. Fue editado por su propietario Eduardo Fournier. Se imprimía en la imprenta La Lira.

La Idea. Este órgano de los intereses liberales fue un semanario editado por Rafael Montufar el 2 de julio de 1883, en la Imprenta La Paz.

Otra publicación con este mismo título tuvo como editor a José Quesada. Fue un semanario publicado en Cartago, cuyo primer número circuló el 26 de mayo de 1889, que fungió como órgano de la Sociedad Literaria Los Trabajadores.

Con título semejante Luis Mora A. publicó un semanario defensor de los intereses del pueblo. El primer número circuló el 17 de julio de 1897.

La Igualdad. Semanario editado por su propietario Adán Mora. El primer número se publicó el 19 de octubre de 1895.

El Atlántico. Órgano liberal. Semanario político, editado por Elías R. Bolaños. El primer número se publicó el 22 de noviembre de 1884.

Costa Rica Ilustrada. Revista de ciencias, artes y literatura. San José. En su primera época (1887-1889) fue editada por José Antonio Soto y Próspero Calderón y en su segunda etapa (1890-1892), tuvo como editores, además de Calderón, a Carlos Gagini.

La Luz. Periódico cristiano no católico cuyo propósito era difundir el "cristianismo de Cristo y los apóstoles". El primer número se publicó el 24 de diciembre de 1894 y se imprimía en la Tipografía de La Paz.

El Obrero. Fue una publicación semanal de la Sociedad de Artes y Oficios, cuyo primer número circuló apareció el 10 de junio de 1890, bajo la administración de Emilio Artavia. Incluía noticias, contribuciones, así como información de corresponsales extranjeros sobre temas de interés para la Sociedad.

La Guirnalda. Fue un semanario que editó Rafael Carranza en 1878 en la imprenta La Paz.

La Hoja del Pueblo. Órgano del Partido Democrático Costarricense que se comenzó a publicar el 2 de julio de 1892 bajo la dirección de Juan F. Troncoso. Aunque político, le dio cabida también a textos literarios y variedades.

La Correspondencia. Diario matutino que comenzó a publicarse el 1 de octubre de 1895 bajo la dirección de Eduardo E. Fournier. Le dio cabida a noticias nacionales e internacionales. Contó con corresponsales en varias localidades del país, lo cual le permitió dar una cobertura importante.

La Época. Semanario dirigido y editado por Ramón Castro Saborío que comenzó a publicarse en abril de 1866 y dio cabida a noticias nacionales e internacionales y artículos sobre política.

La Puya. Fue un semanario editado por Rafael Carranza e impreso en la imprenta La Paz. Apareció en agosto de 1894.

La Unión Latina. Salió a la luz pública en fecha no determinada de 1899 y circulaba los jueves y domingos. Se anunciaba como "defensor de los intereses de la raza latina". Redactado y producido por su propietario Ramón de la Fuente. Incluía noticias, contribuciones y anuncios.

Otro Diario. Periódico de "política, intereses generales, anuncios y noticias". Editado por Federico Proaño, el primer número se publicó el 1 de noviembre de 1885.

La Justicia. Semanario independiente editado por Manuel E. Diez. Comenzó a publicarse en 1893.

En Alajuela, el 6 de junio de 1899, Luis Acosta publicó un periódico homónimo de información y de intereses generales.

El Triunfo. Fue un semanario redactado por Carlos de J. González y José Antonio Valladares, cuyo primer número se publicó el 24 de marzo de 1895, en la tipografía La Prensa Libre.

El Día. Periódico de noticias generales, comercial, industrial y literario cuyo primer número se publicó el 10 de enero de 1885, en la

Imprenta La Lira. Fue editado por su propietario Mateo F. Fournier.

El escritor nicaragüense Enrique Guzmán, publicó desde el 3 de agosto hasta el 30 de setiembre de 1892 un periódico homónimo que ofreció el servicio de publicación gratuita de comunicados a las instituciones públicas.

Otro periódico homónimo dirigió su propietario Rafael Alpízar A. en fecha no determinada. Generalista.

El Deber y el Derecho. Semanario generalista, órgano de los intereses del pueblo. Lo fundó el 1 de enero de 1894 Juan F. Troncoso, editor responsable y propietario.

La Nueva Prensa. Apareció por primera vez el 15 de junio de 1898. En sus inicios el periódico fue dirigido por Víctor Golcher y su índole era política. Pero a partir de 1921 se convirtió en un periódico informativo. Fue pionero en el uso noticioso de la diagramación y era dirigida por Ricardo Falcó.

La Unión. Periódico ramonense administrado por Francisco Cambronero y redactado por "La Asociación". Comenzó a publicarse en 1891. Se imprimía en la imprenta de T. López.

El Rocío. Periódico literario y de intereses generales. Quincenal. San José. Apareció el 13 mayo 1888. Director Juan Ma. Murillo (BMN).

La Nación. Diario de la tarde, independiente, consagrado a intereses generales. El primer número se publicó el 2 de julio de 1888, en la imprenta El Comercio. Aquileo J. Echeverría y Elías Castro Ureña fueron sus propietarios y editores. Su contenido era variado.

Un Periódico. Semanario editado por Eduardo Fournier y redactado por Juan M. Murillo. El primer número se publicó el 26 de agosto de 1888. Los periódicos quincenales "El Obrero" y "El Rocío" se unen y fundan este semanario.

Un Periódico Nuevo. Editado por Pío Víquez, comenzó a publicarse en 1879. Incluía información sobre diversos temas como economía, política, literatura, entre otras. Se imprimía en la imprenta La Paz.

The News. Publicación publicada para la comunidad de habla inglesa que residía en el país. Se promovió como un periódico social y comercial y sin fines políticos. Su primer número salió a la luz el sábado 17 de julio de 1897, editado por su propietario R.J. Duffy.

Ese siglo marcó también el nacimiento de la primera revista en Costa Rica, Horas de Solaz, aparecida el 19 julio de 1871, a la cual siguieron Revista Teatral (1885); Costa Rica Ilustrada (1887-1889, primera época; 1890-1892, segunda época); Boccaccio (1887); El Rocío

(1888); Notas y Letras (1892-1895); Revista de Costa Rica (1892); Cuartillas (1894); La Nueva Literatura (1895-1898); Ensayos Literarios (1896); La Revista Nueva (1896): Repertorio de Costa Rica (1896) y Esbozos y Blanco y Negro (1898).

CICUNE.ORG

IV. LAS PUBLICACIONES DEL SIGLO XX

La Información. Esta publicación periódica tuvo importante impacto en las primeras décadas del siglo XX, hasta que fue quemado por una muchedumbre enardecida en 1919 por servir a la dictadura de Federico Tinoco Granados.

La Nación. El 12 de octubre de 1946 circuló el primer número de este periódico diario fundado por un grupo de empresarios representativo de las fuerzas vivas del país y tuvo como primer director a Sergio Carballo, uno de los periodistas más talentosos de la época. Se le considera uno de los diarios de mayor influencia en la vida del país. En la década de los noventa, publicó revistas y suplementos como Rumbo, Triunfo, Perfil, Tambor, Zurquí, etc. Actualmente, pertenece al Grupo Nación, dueño también de otros diarios y revistas como Al Día, El Financiero, La Teja, Vuelta en U y Perfil.

La República. Este periódico fue fundado en 1950 por el primer director de la Escuela de Periodismo de la Universidad de Costa Rica, licenciado Alberto F. Cañas Escalante.

Acta Pediátrica Costarricense. Órgano oficial de la Asociación Costarricense de Pediatría fundada en 1987 por el Dr. Rodolfo Hernández-Gómez.

Ambientico. El primer número apareció en 1992. Frecuencia mensual. Heredia. Revista en línea e impresa de la Universidad Nacional Autónoma, Escuela de Ciencias Ambientales especializada en ciencias de la tierra, ecología y recursos naturales no renovables.

Anales en Gerontología. El primer número apareció en 1999. La publicación está bajo la responsabilidad de la Universidad de Costa Rica, Maestría Interdisciplinaria en Gerontología. Da a la publicidad temas multidisciplinarios. Impresa.

Anuario de Estudios Centroamericanos. Fue fundado en 1974, por la Universidad de Costa Rica y, en la actualidad, es una de las pocas publicaciones que, con perspectiva regional, se publican sobre América Central. Se ocupa del análisis de la realidad histórica y presente de la región centroamericana y de las sociedades que la constituyen. En sus páginas tienen cabida artículos, ensayos y reseñas que, desde una perspectiva amplia de las ciencias sociales, se realicen tanto en la región como fuera de ella, con la finalidad de contribuir a comprender las enormes inequidades que caracterizan la vida cotidiana en la región, así como las propuestas y proyectos que procuran a contribuir superar estas inequidades. Revista electrónica y en papel.

Anuario Estadístico de Costa Rica. Comenzó a publicarse en 1975. Impreso en papel. Responsable Universidad de Costa Rica, Instituto de Investigaciones en Ciencias Sociales.

Revista electrónica. Aportes: para la Educación Popular. Apareció en 1980 y dejó de circular en 1990. Tuvo periodicidad bimestral. Ente responsable: Centro Nacional de Acción Pastoral (CENAP). Privilegió los temas de Educación, Historia, Sociología y Economía.

Abra. Es una revista de Ciencias Sociales con sello editorial que se publica desde una fecha no determinada de 1980 en la Facultad de Ciencias Sociales de la Universidad Nacional, para el encuentro de las comunidades científicas internacionales interesadas en la reproducción y difusión del conocimiento social. La periodicidad de la revista es semestral, el primer número comprende del 1 de enero al 30 de junio y el segundo número del 1 de julio al 31 de diciembre. Circula en papel y en línea.

Acta Académica. La revista es una publicación que procura abrir un espacio para que miembros del claustro de la Universidad Autónoma de Centro América, y también de otras entidades, publiquen sus estudios, investigaciones, creaciones originales.

Semestral. Comenzó a circular en fecha no

precisada de 1987. Se produce en papel y en línea.

AMC Acta Médica Costarricense. Apareció en fecha no determinada 1957. Revista impresa y en línea del Colegio de Médicos y Cirujanos de Costa Rica. Periodicidad trimestral

Actualidades en Psicología. Apareció en 1975. Es una revista oficial de la Universidad de Costa Rica, patrocinada por el Instituto de Investigaciones Psicológicas de esta misma casa de estudios. Su objetivo es difundir la producción científica en todos los campos de la ciencia psicológica. Circula en línea y en papel. Periodicidad anual.

Actualidad Farmacéutica. Revista electrónica del Colegio de Farmacéuticos de Costa Rica. Se desconocen más datos de identificación.

Adolescencia y Salud. Apareció en fecha no determinada de 1999. Periodicidad semestral. Es la publicación oficial del Programa de Atención Integral de la Adolescencia de la Caja Costarricense del Seguro Social de Costa Rica. Tiene como misión la de investigar novedosas experiencias de trabajo con adolescentes.

Archivos del Hospital Dr. R. A. Calderón Guardia. El número 1 apareció en enero-febrero de 1981. Director: Dr. Fernando Urbina Salazar Editor: Dr. Guillermo Rodríguez Aguilar.

Athenea. Órgano del Ateneo de Costa Rica. Revista editada por Justo Facio, Rogelio Sotela,

Rafael Cardona y José Albertazzi Avendaño. Incluía artículos de literatura internacional, antigua y moderna, escritos literarios y críticos de Justo Facio, Roberto Brenes Mesén, José Albertazzi Avendaño, Luis Dobles Segreda, Valeriano Fernández Ferraz, Alejandro Alvarado Quirós, Agustín Luján, José María Alfaro Cooper, Mario Sancho, Carmen Lyra, José María Zeledón, Rogelio Sotela. Es continuación de la revista Anales del Ateneo de Costa Rica (1917/1920).

Apuntes. San José. El primer número apareció el 15 de mayo de 1931. Director: Elías Jiménez Rojas.

Ariel. Quincenario antológico de letras, artes, ciencias y misceláneas. San José. Apareció en septiembre de 1937. Director: Froylán Turcios.

Actualidades. Semanario de intereses hispanoamericanos dirigido por R.A. Rodríguez, cuyo primer número se publicó en febrero de 1909. Incluía artículos políticos y literarios. Un bisemanario homónimo de la vida nacional fue dirigido y editado por Francisco Soler el 4 de diciembre de 1916. De índole política.

Otra publicación homónima que se promocionaba como un periódico de divulgación geográfica, intereses generales, cultura infantil y femenina fue dirigida por

Jorge Miranda. El primer número se publicó el 1 de marzo de 1942.

ABC. Periódico comercial gratuito para familias que promocionaba marcas europeas e incluía información variada. El primer número se publicó el 15 de mayo de 1914 y fue dirigido por Jenaro Cardona.

Otro periódico homónimo comenzó a publicarse el 28 de octubre de 1929. Se promocionaba como "diario gráfico de la tarde". Fue dirigido por José María Pinaud y Joaquín Vargas Coto y tuvo como director artístico a Paco Hernández.

Acción Demócrata. Órgano oficial del partido Acción Demócrata que comenzó a publicarse el 26 de febrero de 1944. Fue dirigido por Alberto Martén y administrado por Emilio Villalobos. A partir del 24 de mayo de 1947 pasó a llamarse El Social Demócrata.

Agricultor Costarricense. Periódico agrícola mensual patrocinado por la Escuela Granja de Cervantes que dirigió Carlos L. Valle. El primer número se publicó en junio de 1943 y a partir del número de julio cambió su nombre por el de Agricultor Nacional.

Alerta. Fue dirigido por Rodolfo Yglesias V. y comenzó a publicarse en fecha no determinada de 1947. Se promocionaba como "La voz del estudiante".

AS. Periódico deportivo, la segunda época inició el 1 de mayo de 1952.

Avance. Se promocionaba como un periódico "por y con las democracias". Publicado en San Ramón, bajo la dirección de Trino Echavarría. Incluía información de interés para San Ramón y otros cantones aledaños como Palmares. El primer número se publicó el 16 de agosto de 1942.

Un periódico homónimo que se promocionaba como "una voz al servicio del bien público", apareció el 28 de junio de 1943. Fue dirigido por su propietario Eugenio Jiménez Sancho y daba cabida a información política nacional e internacional.

Avanzada. Órgano oficial del Movimiento Socialista Renovador. Dirigido por Ciro Montero y Gilberto Muñoz que inició su publicación en fecha no determinada de 1950.

Boletín Anunciador. Semanario limonense de distribución gratuita editado por Víctor Manuel Salazar. El primer número se publicó el 19 de marzo de 1911.

Boletín Católico. Publicación bimensual "consagrada a la difusión de la buena noticia de las clases populares". El primer número de la época II se publicó el 14 de junio de 1910. Editado por Luis Cartín.

Boletín Comercial. Periódico editado por Guillermo Vargas y administrado por la

Imprenta Nacional. Incluía noticias internacionales, información nacional, horarios de trenes, tipo de cambio, etc. El primer número apareció el 30 de octubre de 1902.

Boletín de México en Costa Rica. Se promocionaba como el "Órgano Informativo de México y demás Repúblicas Latinoamericanas". Fue dirigido por Ramón Rojas Corrales y el primer número circuló el 14 de enero de 1918.

Boletín del Partido Civil. Órgano del Partido Civil de Puntarenas que apoyaba la candidatura de Rafael Yglesias C. Fue editado por Juan B. Romero Casal y el primer número se publicó el 15 de julio de 1913.

Boletín Municipal. Se promocionaba como "órgano de los intereses del cantón" de San José. Redactado por Teodoro Picado, Ciriaco Zamora y Francisco Serrano. Incluía información sobre las acciones de la Municipalidad. El primer número se publicó el 1 de marzo de 1901.

Ciencias Penales. Revista electrónica de la Asociación de Ciencias Penales de Costa Rica. El primer número apareció en 1989. Periodicidad anual.

Coris. Revista de Ciencias Sociales y Humanidades. Cartago. Apareció en 1997. Soporte en línea y en papel. Responsable: Círculo de Cartago.

Cartago. Periódico que incluía información variada de interés para la provincia. Se promocionaba como una publicación "por la patria, la cultura y el trabajo". Tuvo como directores a Jorge Luis Villanueva B. y Marco Aurelio Aguilar. El primer número Apareció en noviembre de 1948.

Christmas. Periódico gratuito publicado por la Sociedad Publicista América. Se publicó el 1 de diciembre de 1929. Incluía información sobre instituciones nacionales, contribuciones literarias, etc.

Combate. Fue editado por la C.C.T. Rerum Novarum. Se promocionaba como una publicación al servicio de los trabajadores. Tuvo como director a Henry Arenas. El primer número apareció el 19 de octubre de 1948. Incluía información de interés para la lucha por los derechos de los trabajadores.

Confraternidad Nacional. Periódico político que se anunciaba como "acción con la verdad y la justicia".

Fue dirigido por Allen Pérez Chaverri.

El primer número se publicó el 21 de mayo de 1949.

Correo de España. Semanario de la Colonia Española. Fue dirigido por Mariano Álvarez Melgar.

El primer número se publicó el 17 de mayo de 1908.

Correo del Sur. Periódico quincenal publicado en Golfito y dirigido por Víctor M. Obregón.

El primer número se publicó el 15 de mayo de 1945. Incluía información de interés para Golfito, así como artículos sobre la lucha de los trabajadores.

Correo Nacional. Diario de la mañana. Dirigido y editado por el sacerdote Víctor Sanabria y publicado en la Sociedad Tipográfica de San José.

Incluía información variada, noticias nacionales y extranjeras, artículos sobre política, educación, entre otros.

El primer número apareció el 2 de julio1925.

Cosmos. Fue dirigido por Bercelino Hernández.
El primer número se publicó el 13 de octubre de 1908.

Daba cabida a información variada.

Costa Rica. El 30 de agosto de 1919 apareció un semanario homónimo, órgano del Grupo Unión y Progreso, dirigido por Octavio Jiménez.

Publicaba temas políticos y de la realidad nacional.

Crítica. Diario de la tarde. El primer número se publicó el 23 de junio de 1931. Redactado por Ramón Caldera y Antonio

Zelaya. Incluía información variada, noticias nacionales e internacionales.

Crónica Estudiantil. Órgano estudiantil dirigido por Ernesto Sanarrusia, Ricardo A. Orozco y Alvar Antillón. El primer número se publicó el 21 de agosto de 1944. Incluía información variada

Cultura. Periódico que se anunciaba como "semanario de los trabajadores que anhelan instruirse para progresar".

Fue dirigido por Omar Dengo, editado por Juan E. Hernández.

El primer número circuló el 6 de junio de 1910.

Diario de las Fiestas. Periódico anual editado por José Montero. El primer número se publicó el 30 de diciembre de 1920. Incluía programas de las fiestas cívicas de San José.

El Nuevo Siglo semanal de variedades. Liberia. Fue redactado por Manuel Chamorro B. y Felipe Mayorga R.

El primer número se publicó el 21 de enero de 1900 en Liberia.

Boletín de la Asociación Costarricense de Bibliotecarios. Impreso. Circuló desde 1955 hasta 1996 en forma irregular.

Diario del Comercio. Fue órgano de la Asociación General del Comercio de Costa Rica.

Cámara de Comercio. Incluía información general de relevancia para los asociados. Publicación dirigida por Gerardo G. Castro.

Su primer número circuló el 1 de agosto de 1920.

Diario Extra. San José. Lema: "Vivan siempre el trabajo y la paz". Tabloide. Circula de lunes a sábado en todo el territorio costarricense. Fue fundado en octubre de 1979 por William Gómez Vargas y José Andrés Borrasé Taylor. Generalista. Se le conoce popularmente como La Extra. Sensacionalista.

Según explica la investigadora Ana C. Sánchez en su libro Caricatura y Prensa Nacional, es un medio que se vende al pregón como "la mentirosa", "la chismosa" y "la exagerada".

El periódico publica suplementos educacionales. Es parte de la Sociedad Periodística Extra LTDA Grupo Extra, conformada además por el periódico La Prensa Libre, Radio América y ExtraTV42.

El Pueblo. El 28 de marzo de 1909 circuló el primer número de esta publicación editada y dirigida por Matías Trejos.

Apoyaba la candidatura del Dr. Pánfilo J. Valverde a la Presidencia de la República.

En fecha no precisada de 1905 apareció una publicación periódica homónima como boletín oficial del Partido del Pueblo.

El Independiente. Periódico que se promocionaba como "Semanario al servicio de los intereses patrios", dirigido por Rosendo Salas Valenciano y redactado por Juan de Dios Trejos.

El primer número apareció el 18 de junio de 1951.

Antes, el 1 de mayo de 1907, había aparecido un vespertino homónimo que se definía como periódico totalmente independiente en los aspectos políticos y religiosos.

Incluía información de interés para el país.

Fue dirigido por Manuel Alfredo Casal y editado por Carlos M. Jiménez.

El Índice. Fue un semanario con información sobre política de Centro América, dirigido por Adolfo Barillas González, cuyo l primer número se publicó el 4 de octubre de 1909.

El Pabellón Rojo. El primer número se publicó el 1 de octubre de 1913.

Apoyaba la candidatura de Rafael Yglesias Castro y fue editado por Jenaro Castro Méndez.

El Mundo. Diario independiente bilingüe español-inglés dirigido por su propietario Marcial Alpízar.

Generalista. El primer número apareció el 15 de octubre de 1905.

El 4 de julio de 1926 comenzó a circular una publicación con título semejante, diario de la mañana.

Lo administró Ernesto Castegnaro y ofrecía información sobre política, economía y noticias nacionales e internacionales.

Un periódico homónimo "con todo y para todo" se publicó a partir del 3 de setiembre de 1928.

Fue dirigido por Enrique Lumen y administrado por Antonio A. Márquez.

Incluía información variada nacional e internacional.

El Mentor. Publicado por la Sociedad Editora Alajuelense. El primer número apareció el 1 de agosto de 1948. Fue redactado por Guido Sánchez Fernández e incluía información de interés para la provincia de Alajuela.

El Lábaro. Semanario religioso, órgano del Centro Católico, dirigido por Ramón Juno y Sansalvador y editado por Víctor Trejos.

Comenzó a publicarse en fecha no determinada de 1932 y se imprimía en Heredia.

El Látigo. Miguel Salazar dirigía la parte literaria y Henry Harmony la parte artística.

El primer número apareció el 20 de enero de 1900 y se imprimía en la litografía Martínez.

Con título semejante Francisco Ortiz editó un semanario político humorístico, cuyo primer número apareció el 10 de mayo de 1913.

Otro periódico de igual título, semanario político y de intereses generales comenzó a publicar en fecha no determinada de1921, Ricardo Henríquez.

El 12 de noviembre de 1927 circuló el primer número de una publicación homónima fundada por O. Hutt Ch. y E. Robles S.

Fue impresa en la librería Alsina.

El Liberal. Órgano de la juventud dirigido por Juan M. Segreda Soler. El primer número apareció el 15 de noviembre de 1903.

Un bisemanario independiente de información homónimo editó Hernán Valverde L. El primer número apareció el 12 de octubre de 1918.

Publicaba información nacional e internacional.

El Limonense. Semanario independiente que se anunciaba como "órgano defensor de los intereses generales de la provincia". Fue dirigido por Lesmes Suárez.

El primer número salió el 1 de noviembre de 1914. Edición bilingüe español-inglés.

Con título similar apareció en fecha no determinada de 1959, un periódico dirigido por Jorge Alvarado.

Daba cabida a información sobre aspectos de relevancia para la provincia de Limón.

El Jején. Diario político de la tarde publicado por su propietario L. Mora A.

El primer número circuló el 6 de junio de 1914.

El Juvenil. Publicación quincenal a cargo de Oscar Zamora y Hernán Valverde.

Apareció el 1 de octubre de 1912.

Una publicación bimensual homónima, vocera de la juventud, dirigida por Hernán Valverde L. y redactada por Napoleón Pacheco S. comenzó a publicarse en fecha no determinada de 1914, con el número 2 porque se considera una continuación de El Juvenil, periódico de escolares.

El Hijo del Pueblo. Fue redactado por Emilio Granados y comenzó a publicarse en fecha no determinada de 1900. Generalista.

El Hogar Cristiano. Semanario religioso, científico y de variedades consagrado al Corazón de Jesús redactado por el sacerdote Juan Garita y administrado por Juan J. Trejos.

Comenzó a circular el 26 de noviembre de 1904.

El Hombre Libre. Diario de la tarde. Al inicio se promocionaba como el "Órgano de Restauración Nacional".

El primer número salió el 27 de agosto de 1919 y era dirigido por José María Pinaud.

Posteriormente se convirtió diario de la mañana", dirigido por José Fabio Garnier.

El Horizonte. Semanal de actualidades. Periódico puntarenense que se declaraba políticamente neutral e incluía información nacional e internacional.

Apareció el 15 de junio de 1915, fue dirigido por Randolfo Thomas y editado por Luis Antonio Soto.

El Huevo. Periódico dirigido por Virginia Grütter que comenzó a circular el 19 de diciembre de 1959.

El Huracán. Periódico editado por su propietario Salustio J. Vargas cuyo primer número se publicó el 20 de junio de 1913.

El Ideal. Quincenario litero-social. Periódico herediano dirigido por Nicolás Solís y editado por Francisco Uribe.

El primer número apareció el 7 de marzo de 1914.

El Heraldo de Alajuela. Periódico editado por Gonzalo Sánchez Bonilla que se promocionaba como un defensor de los intereses de la provincia de Alajuela

El primer número se publicó el 10 de noviembre de 1916.

El Grito del Pueblo. Semanario independiente Periódico puntarenense editado por su propietario Héctor Guevara S. Incluía información política, noticias nacionales y asuntos de interés para la provincia de Puntarenas. Comenzó a publicarse el 30 de agosto de 1908 y salía los domingos

El Heraldo de Costa Rica. Diario dirigido por Luis Demetrio Tinoco. Inició su publicación en agosto de 1922.

Se promocionaba como "de intereses generales" e incluía artículos políticos, económicos y administrativos del país.

El Imparcial. Una hoja de intereses generales y órgano del Club de Amigos fue dirigida por Máximo Bermúdez y administrada por Arturo Solís.

Generalista. El primer número se publicó en noviembre de 1914.

El Lucero. Periódico mensual que editó J.B. Stuyvesant, de carácter religioso.

El primer número circuló en enero de 1913.

El Manantial. Periódico herediano editado por Enilda Quesada y Luis Odio A. y dirigido por Corina Rodríguez, Marta Dittel A., C. Manuel Pacheco y Manuel Ovando.

El primer número vio la pública el 13 de mayo de 1915.

El Heraldo. Un periódico puntarenense o apareció el 3 de setiembre de 1918.

Fue dirigido al inicio por Octavio Williams, redactado por Amadeo Boza McKellar y administrado por Francisco L. Enríquez.

El Mensajero. Circuló desde el 2 de febrero de 1902 un semidiario de variedades dirigido y administrado por Ramón Fuentes.

Se promocionaba como un periódico que "trabajaba especialmente por la enseñanza".

El Guanacasteco En Liberia Mario Cruz Santos dirigió un periódico h que comenzó a salir el 28 de agosto de 1910.

El Heraldo de Limón. Semanario político-republicano que comenzó a publicarse el 9 de junio de 1909.

Fue dirigido por Francisco Boza Cano y editado por Elías Vargas.

El Herediano. Semanario independiente y de intereses generales. Fue dirigido por Rafael Delgadillo G. y comenzó a circular el 13 de mayo de 1928.

El Amigo del Hogar. Periódico gratuito, "órgano de la farmacia y droguería La Violeta". Se promocionaba como una publicación sobre ciencias, literatura y artes, pero su énfasis era comercial.

Apareció el 6 de septiembre de 1902.

El Diario de la Tarde. Diario político y de intereses generales dirigido y editado por su propietario J. Albertazzi Avendaño que comenzó a publicarse en fecha no precisada de 1915.

El Correo del Pacífico. Periódico puntarenense "órgano y propiedad del Partido

Civil. Editado por Antonio Ciófalo Güell. El primer número se publicó el 27 de junio de 1909.

El Noticioso. Empezó a circular en julio de 1938 para hacer conocer al público las noticias de interés general tanto nacionales como extranjeras, decretos de la asamblea, actos del ejecutivo y comunicaciones oficiales de Centro América.

Enfermería en Costa Rica. Desde 1978 es decana en Centro América y pionera en Costa Rica. Publicada semestralmente de forma impresa y en versión electrónica, se ocupa de la construcción, divulgación y socialización del conocimiento construido en torno a la enfermería y la cultura de los cuidados.

Epidendrum   . Apareció en 1993 y dejó de circular en 2012. Era de frecuencia trimestral. Organismo Responsable: Universidad de Costa Rica, Jardín Botánico Lankester, Cartago. Revista impresa.

El Mensajero. Fue una publicación mensual del Instituto Bíblico cuyo primer número circuló en junio de 1926.

Incluía información religiosa, así como de las obras sociales que realizaban las iglesias evangélicas del país.

Estadio. Órgano oficial del Colegio Nacional de Árbitros de Fútbol, bajo la dirección de Miguel Ángel Murillo Z., Jorge Pastor D.,

Salvador González V., y Fernando Brenes. Inició su publicación en fecha no determinada de 1944.

Evolución. Órgano de la Juventud Avanzada Guanacasteca. El primer número se publicó en julio de 1946. Fue dirigido por José Joaquín Fernández C. y Carlos María Arauz y producía información variada y de interés para el desarrollo de la provincia de Guanacaste.

Excelsior. Tribuna de la juventud abierta a todas las ideas. El primer número se publicó en Cartago el 4 de setiembre de 1930.

Fue dirigido por Gonzalo Ortiz M. y redactado por Rubén Hernández R.

El Tiempo. Comenzó a circular a partir del 16 de diciembre de 1929, un diario independiente dirigido por Rafael Iglesias R. y Jorge Orozco Castro.

Su menú redaccional incluía noticias nacionales e internacionales, artículos literarios, científicos, políticos, económicos, entre otros temas.

El Trabajo. El primer número circuló el 9 de octubre de 1907.
Tuvo como redactores a sus propietarios Federico Mora y Silvio Selva. Informaba sobre agricultura.

El Trapiche. Fue un periódico de información variada y de humor gráfico dirigido por Pío Luis Acuña.

El primer número apareció el 9 de febrero de 1952.

El Viajero. El primer número apareció el 2 de agosto de 1917.

Se promocionaba como "bisemanal de información general" y era dirigido por Francisco Clavera M.

Publicado en Puntarenas, pero con información de interés para esa provincia y Guanacaste.

El Vocero. Semanario de actualidad, comercio, ciencias, artes, literatura, etc.

El primer número se publicó el 29 de marzo de 1908.

Fue dirigido por Max Cortés Andrino, editado por Domingo V. Argüello y redactado por Manuel Consuegra y Carlos Olavarría.

El Siglo XX. Este periódico se promocionaba como "órgano de los intereses generales de la República y de informaciones universales".

El primer número apareció el 8 de diciembre de 1901 y fue dirigido por Ruiz Miyares.

El Sol. Diario de la tarde. Fue redactado por Rafael Villegas y Eloy Truque.

El primer número apareció el 13 de agosto de 1910.

Publicaba información literaria, política y de intereses generales.

Otro periódico de nombre "diario independiente, libre de influencias políticas, económicas y sociales", apareció el 18 de marzo de 1929 bajo la administración de Luis M. Torres.

El Tesoro Popular. Fue un periódico mensual gratuito que se promocionaba como "de intereses religiosos y locales y especialmente para fomentar la devoción a los Corazones de Jesús y María".

El primer número se publicó en agosto de 1916 en Aserrí.

El Tiempo. Con el mismo título el 12 de noviembre de 1910 apareció un periódico limonense, diario de la mañana, que les daba cabida a informaciones de interés para la provincia.

El Ramonense. Fue un periódico redactado por F. Lobo y N. Acosta, cuyo primer número se publicó el 26 de mayo de 1901 y dio cabida a información variada de interés para el cantón de San Ramón.

El Renacimiento. Fue un semidiario de información general editado por Alejandro Bonilla. Cartago. Comenzó a publicarse en noviembre de 1914.

El Republicano. Semanario de intereses generales, político y literario publicado en Santo Domingo de Heredia el 1 de mayo de 1904 por Valeriano Chacón.

El 16 de enero de 1912 apareció el primer número de un diario homónimo del mañana generalista dirigido por su propietario Ricardo Coto Fernández.

El Saltón. Periódico de información variada y de humor gráfico editado por V.M. Carvajal S.

Apareció en noviembre de1919 y lo imprimió la Imprenta Falcó y Borrasé.

El Pueblo Limonense. En fecha no determinada de 1905 comenzó a circular este "semanario independiente, informativo y de intereses generales" dirigido y editado por Amando Chaverri Matamoros y Lesmes Suárez.

El Puntarenense. El primer número de este semidiario de la mañana apareció el 11 de julio de 1915.

Emitía información de interés para la provincia de Puntarenas.

Fue editado por Manuel Sánchez y dirigido por José Fernández S.

El Quijote. Fue editado por Mariano Tovar, bajo la dirección artística de su propietario Antolín Chinchilla.

Comenzó a publicarse en diciembre de 1908.

El Progreso Cartaginés. Fue un periódico bisemanal editado por Jesús C. Cubero y Alejandro J. Bonilla y administrado por. Alejandro Rojas Velásquez.

Inició su publicación en fecha no precisada de 1908

Publicaba información de interés para la provincia de Cartago.

El Partido Nacional. Periódico limonense que fue órgano del partido del mismo nombre que apoyaba la candidatura presidencial de Cleto González Víquez. Lo dirigió y editó Eduardo Beeche.

El primer número apareció el 6 de abril de 1905.

El Pasatiempo. Fue un periódico chistoso y de variedades que editó su propietario Constantino Gálvez.

El primer número circuló el 1 de noviembre de 1903.

El Poás. Apareció en Alajuela el 15 de marzo de 1904. Su contenido era político.

Lo dirigió y editó José Figueredo.

El Porvenir. Bisemanal de oposición dirigido por su propietario Alberto Moreno y editado por Marco Tulio Saénz.

El primer número Apareció el 1 de agosto de 1915.

El Porvenir Desamparadeño. Fue un periódico que suministraba información de interés para el cantón de Desamparados cuyo primer número apareció el 24 de septiembre de 1911.

Lo dirigió Francisco María Núñez M. y lo administró J.J. Hernández.

El Progreso. Comenzó a circular en fecha no precisada de 1900. Generalista. Tuvo como editor a Emilio Alpízar.

El Pampero. Periódico guanacasteco cuyo primer número se publicó en Nicoya el 14 de agosto de 1949.

Fue dirigido por E. Jarquín Báez y redactado por Mario Rodríguez.

El Nuevo Régimen. Se promocionaba como un "periódico independiente, político y de intereses generales".

El primer número se publicó en Liberia, Guanacaste, el 25 de mayo de 1902. Lo editó Gerardo Pacheco C.

Un semanario de intereses generales homónimo editó Carlos Madrigal B. en Heredia a partir del 29 de octubre de 1919.

Eco Taurino. Semanario sobre deportes y toros. El primer número se publicó el 19 de enero de 1948.

Ecos. Periódico de humor gráfico, editado por sus propietarios Martínez y Borges. Incluye caricaturas de Francisco Hernández. Su primer número se publicó el 17 de mayo de 1913.

Una publicación bananera homónima al servicio de los trabajadores fue publicada en Golfito.

Su único número apareció el 16 de agosto de 1952. Incluía información variada.

Ecos del Sur. Semanario independiente y de intereses generales.

Periódico puntarenense dirigido por J. Ignacio Arguedas T. y redactado por Claudio Ortiz. Inició su publicación en 1943. Incluía información de interés para la provincia

El 27 de enero. Semanario independiente. Heredia.

Comenzó a publicarse el 21 de abril de 1919. Contenía noticias nacionales, incluyendo aspectos sociales y política. Dirigido por Belisario Gutiérrez.

El Agente. Periódico de avisos.

Bisemanario gratuito, administrado por su propietario Constantino Gálvez. Incluía únicamente avisos comerciales. Apareció en setiembre de 1902.

El Amigo del Pueblo. Periódico político del Partido Republicano, dirigido por Alberto Vargas Calvo. El primer número se publicó el 15 de setiembre de 1908.

El Agricultor. Se promocionaba como "semanario defensor e impulsador de la agricultura, industria y el comercio. Dirigido por su propietario Marco Tulio Saenz y Juan F. Vargas. El primer número circuló 17 de julio de 1943.

El Águila. Semanario ilustrado. Lo editó Miguel A. Salazar S. Dirección artística a cargo de Alberto Salazar Calvo y Jorge Flores Vargas.

El primer número se publicó el 23 de abril de 1915.

En Cartago, en fecha no ubicada, apareció un periódico homónimo de índole política y de información general. Circulaba los domingos y tuvo como director a E. Jiménez R.

El Azote. Periódico satírico del cual que se publicó un único número el 12 de abril de 1903. Incluyó el Testamento de Judas.

El Atalaya. Periódico dirigido por Manuel Alfredo Casal. El primer número se publicó el 16 de diciembre de 1916. Incluía información variada.

El Ateniense. Se promovía como "Revista mensual dedicada a la propaganda de la Botica de Atenas y a favorecer los intereses del cantón y las poblaciones circunvecinas". El primer número se publicó en julio de 1916.

El Atlántico. Apareció en Limón el 22 de octubre de 1949. Edición bilingüe español-inglés.

Tuvo periodicidad semanal Semanario y fue dirigido por José A. Thomas. Sustituyó al Correo del Atlántico.

El Aviso. Periódico gratuito de información general y anuncios comerciales. Comenzó a publicarse el 7 de octubre de 1902. Editado por su propietario Emilio Alpízar A.

El Bombazo. Periódico político editado por Roberto Mora que apoyaba la candidatura de

Calderón Guardia. El número único se publicó el 27 de mayo de 1939.

¡El Bombo! Periódico semanal de humor gráfico editado por Rafael Aguilar A. El primer número se publicó el 19 de abril de 1913. Incluía humor político.

El Brochazo. El primer número se publicó el 17 de junio de 1939. Editado por Ventura Cordero. Continuó la misma posición que el periódico El Bombazo.

El Cachiflín. Periódico puntarenense que se promocionaba como "publicación semanal, literaria y humorística". Editada por Rogelio Suñol. El primer número apareció el 30 de abril de 1952.

El Cartaginés. Periódico dedicado a los intereses de la Provincia de Cartago. Dirigido por Carlos Oreamuno, se publicó desde julio de 1904.

Un periódico homónimo de información general de interés para la provincia comenzó a publicarse en fecha no determinada de1944. Lo dirigió Mauro Fernández L.

El Centroamericano. Se promocionaba como un periódico que "Incluía información de actualidad sobre América Central". Editado por Carlos E. Salazar y coordinado por Manuel Villalon.

El primer número se publicó el 4 de junio de 194...

El Grito del Pueblo. Diario político dirigido y editado por T.A. Camacho, se publicó el 17 de febrero de 1906.

Otro periódico independiente homónimo que se promocionaba como "Órgano de la clase obrera", comenzó a publicarse en fecha no determinada de 1919 y fue dirigido por su propietario José M. Fonseca.

Un cuarto periódico homónimo fue dirigido por su propietario Antonio Ciofalo Guell.

El único número que posee la Biblioteca Nacional se publicó en octubre de 1920.

El Guadalupano. Fue un periódico dirigido por la Asociación Cultural Guadalupana que comenzó a publicarse en fecha no determinada de 1944 e Incluía información variada de interés para el cantón.

El Guanacaste. Periódico dirigido por Andrés Santana Febrero y administrado por Otilia Santana que incluía información sobre ciencias de la salud, agricultura, veterinaria y aspectos de interés para la provincia de Guanacaste.

El primer número se publicó en febrero de 195...

En su segunda época apareció en octubre de 1954 e incluía información sobre Guanacaste o de interés para esa provincia.

Lo dirigió la misma persona.

El 1 de enero de 1935 había aparecido un periódico mensual dirigido por Salvador Villar, Remberto Briceño y Juvenal Vega.

Tuvo la misma finalidad informativa que el anterior.

El Erizo. Semanario alajuelense generalista redactado por Demetrio Cordero, cuyo primer número se publicó el 15 de febrero de 1903.

El Escudo Católico. Fue un semanario dirigido y editado por Domingo Víctor Argüello.

El primer número se publicó el 19 de abril de 1908.

El Espartano. Semanal de actualidades puntarenenses editado por Juan R. Castillo, que se declaraba seguidor republicano.

El primer número circuló el 8 de julio de 1915.

Con título semejante apareció una publicación al servicio de Esparta editada por Nicasio García Calero.

"No se cuenta con los primeros números de este periódico que probablemente se publicaron en 1957", reconoce la fuente consultada.

El Explorador. Órgano oficial del Cuerpo Nacional de Boy Scouts dirigido por José Guillermo López.

El primer número apareció en noviembre de 1944.

El Farallón. Se promocionaba como "impreso político sin compromisos ni secta, aquí se dice la verdad".

Fue dirigido por R. O. Valenzuela y el primer número apareció el 25 de mayo de 1953.
El Diario. Periódico independiente dirigido y administrado por Octavio García.

Comenzó a publicarse el 1 de mayo de 1911 con un número prospecto.
El Diario Republicano. Vespertino. Órgano del Partido Republicano que apoyaba al candidato Carlos María Jiménez.

Fue dirigido por J. Albertazzi Avendaño comenzó a publicarse el 7 de febrero de 1927.

El Eco de la Juventud. Semanario publicado en Heredia, dirigido por Alejandro Madrigal B. y editado por Juan J. Chaverri y Manuel A. Valerio. El primer número apareció en septiembre de 1904.

El Ensayo. En San Pedro del Mojón el 17 de octubre de 1903 apareció el primer número de un periódico mojonense órgano de los intereses del pueblo. Generalista.

Fue dirigido por su propietario Carlos A. Zeledón.

El Entreacto. Fue una publicación que informaba sobre las presentaciones del Teatro Nacional.

Lo dirigió su propietario Próspero Calderón y el primer número se publicó el 14 de abril de 1903.

El Debate. Cartago. Se promocionaba como "periódico independiente tribuna abierta a todas las ideas".

Tuvo como redactor a Rubén Hernández y circulaba los jueves y los domingos.

El primer número salió el 4 de abril de 1929.

Un periódico homónimo de la tarde había aparecido el 2 de junio de 1902 bajo la dirección de Carlos Selva.

Le daba cabida a noticias nacionales e internacionales y artículos sobre ciencia, educación, política y otros temas.

El Demócrata Libre. Órgano del Partido Demócrata dirigido por Juan Francisco Miranda.

El primer número se publicó en abril de 1904.

El Derecho. Periódico político, social y de intereses generales dirigido por Federico Fernández Güell.

Comenzó a publicarse en mayo de 1909.

Con igual título había aparecido en septiembre de 1901 un semidiario republicano editado por Rogelio Fernández G.

El Correo del Atlántico. Órgano de divulgación de la provincia de Limón dirigido por Hugo Araya.

El primer número apareció el 23 de marzo de 1960.

Con el mismo título había dirigido Ricardo Villafranca, un periódico que comenzó a publicarse el 10 de abril de 1949.

Su propósito era "colaborar con el mejoramiento económico y agrícola de la zona Atlántica".

Correo del Atlántico. Semanario político, comercial y de información de interés para la provincia de Limón.

Fue editado por Eduardo Beeche y el primer circuló el 13 de octubre de 1907.

En algunas páginas se consignaba como título "El Correo del Atlántico".

El Cortesista. Periódico político de los seguidores de León Cortés Castro.

Comenzó a publicarse en fecha no determinada de 1946 y fue dirigido por Eladio Trejos y Salvador Lara.

El costarricense. Apareció en Turrialba el 15 de septiembre de 1959 un periódico que se promocionaba como "órgano imparcial, al servicio de la zona Atlántica, de Turrialba y del país".

Fue dirigido Alejandro Pérez McAdam.

El Cronista. Semanario independiente editado por Miguel A. Salazar y administrado por Emilio Alpízar.

Incluía información sobre agricultura, comercio, política, etc.

El primer número apareció el 7 de octubre de 1907.

El Compañero. Órgano de la Sociedad de Graduados de la Escuela Normal de Costa Rica.

Mensuario cuyo propósito era establecer un mecanismo para expresar las ideas sobre la situación política nacional.

Tuvo como jefe de redacción a Salvador Umaña y lo Emma Gamboa.

El primer número salió en Heredia en mayo de 1923.

El Cóndor. Se promocionaba como "periódico quincenal de intereses generales vocero del pueblo y para el pueblo.

Fue dirigido por Moisés Vicensi Pacheco y se comenzó a publicar en Tres Ríos el 1 de enero de 1914.

El Constitucional. Órgano del Partido Constitucional que postulaba a la Presidencia de la República a Julio Acosta en el periodo 1920-1924.

El primer número apareció el 9 de octubre de 1919 y fue editado por Otilio Ulate.

El Control. Diario independiente y de información editado por Francisco Alpízar

El primer número circuló el 14 de mayo de 1915.

El Cooperador Tico. Fue publicado por la Sección de Fomento de Cooperativas Agrícolas e Industriales del Banco Nacional.

El primer número apareció en mayo de 1948.

El Correo de la Costa. Periódico "dedicado a la defensa de los intereses de Puntarenas y Guanacaste". Tuvo como director a Leónidas Poveda y fue redactado por Ulpiano Fonseca y Amadeo Boza McKellar.

El primer número circuló el 2 de febrero de 1914.

El Correo de Poás. Se promocionaba como "bisemanario al servicio de los intereses de la provincia, tribuna libre".

El primer número se publicó el 1 de agosto de 1910 y fue dirigido por Eusebio Rodríguez Q., y editado por Rafael Sánchez.

Caricaturas de Miguel González Soto G.

El Correo del Atlántico. Semanario que publicaba información de interés para la provincia de Limón. Fue editado por su propietario Eduardo Beeche y dirigido por Guillermo Villafranca.

El primer número salió el 10 de abril de 1949.

El Combate. Diario republicano dirigido por Carlos Orozco Castro y redactado por Orozco Castro y Juan R. Víquez Segreda.

El primer número se publicó el 1 de octubre de 1903.

Con título similar el **Órgano del Club La Juventud Nacionalista** comenzó a publicar un periódico el 15 de junio de 1905 que apoyaba a

Cleto González Víquez como candidato del Partido Nacionalista.

Lo dirigió Julio Esquivel.

Otra publicación homónima, **Semanario político de actualidad y de ciencias, artes, comercio y literatura**, editó y dirigió a partir del 9 de febrero de 1909 Juan Rafael Escalante.

Un periódico herediano con título similar fue dirigido por Belisario Gutiérrez y redactado por Alberto Moreno.

Su primer número apareció el 1 de mayo de 1915 e incluía información variada y de corte político.

Por último, el 24 de abril de 1921 comenzó a salir un periódico homónimo que promocionaba en su primera página la siguiente frase: "libertad para todo y para todos, menos para el mal y los malhechores".

Fue dirigido por su propietario L. C. A. Rosales y publicaba textos nacionales e internacionales.

El Comercio al Día. Diario generalista de distribución gratuita editado por Miguel Castellón Fonseca.

El primer número circuló en noviembre de 1914.

El Censor. Órgano independiente de los intereses de Costa Rica. Bisemanario editado por J. Alabarta y administrado por Leonidas Poveda.

El primer número salió el 15 de abril de 1905.

Incluía información general, política y caricaturas.

El 15 de mayo de 1932 apareció un periódico homónimo de información general y noticias nacionales e internacionales editado y administrado por Carlos Mora Poveda.

El Centenario. Fue un periódico publicado con ocasión de la conmemoración del centenario de la fundación de San Ramón el 19 de enero de 1944.

El primer número circuló el 3 de octubre de 1943 y fue dirigido por Bertalía Rodríguez L. y Raúl Zamora Brenes.

El Centinela. Fue un diario republicano, dirigido por Carlos Orozco Castro que comenzó a salir en fecha no determinada de 1903.

Fronteras. La revista nació como un Proyecto de Extensión Cultural del Área de Culturales del Departamento de Vida Estudiantil (DEVESA) del Instituto Tecnológico de Costa Rica, Sede San Carlos, Costa Rica, en el año 1995.

Su primer objetivo fue convertirse en un espacio editorial para dar a conocer las distintas investigaciones que venían realizando nuestros docentes e investigadores en torno al ámbito de las Culturas Populares. Pero a medida que se fue desarrollando el proyecto (a partir del tercer número), ante la existencia de un vacío en cuanto a revistas culturales costarricenses y centroamericanas, que mantuvieran un perfil intermedio entre la revista especializada y la revista popular, además del énfasis antropológico, histórico y sociológico, se abrió a otros ámbitos como el de la literatura y el arte en general.

Fémina. Periódico bisemanal independiente publicad por su propietaria María P. V. de Montealegre.

El primer número circuló el 29 de junio de 1919.

Fiat Lux. Semanario literario. El primer número se publicó el 19 de junio de 1914.

Fue dirigido por C. Salazar Gagini, editado por J. Vargas Coto y redactado por Julián Marchena y R. Briceño Álvarez.

Giros de ASPAS. Órgano de la Asociación de Psicoanálisis y Psicología Social de Costa Rica.

Apareció en 1990.

Circula en papel y en línea.

Heraldo de Puntarenas. Fue la continuación del periódico Nuevo Heraldo. Lo editó y dirigió Emiliano Odio Madrigal. El primer número apareció el 5 de junio de 1959. Publicaba información de interés para la provincia de Puntarenas, incluyendo política, comercio y noticias.

Hermes. Fue un semanario cartaginés que inició su publicación el 28 de febrero de 1915, bajo la dirección de Roberto A. Sanvicente.

Hilos y Ondas. Periódico de intereses generales que comenzó a publicarse en fecha no precisada de 1945.

Tuvo como editores a Juan Soto G. y Miguel Ángel González M. y privilegiaba la información de interés para telegrafistas, personal de comunicaciones y correo.

Hoja Obrera. Fue órgano de la Sociedad de Trabajadores y defensor de los derechos del pueblo.

El primer número de este semanario se publicó el 17 de octubre de 1909.

Tuvo como editores a J. Elías Hernández y José María Jiménez. Se imprimió en la imprenta El Pueblo.

INCAE Business Review. Alajuela. Anual. Revista arbitrada e indizada, enfocada en temas de gerencia en una perspectiva amplia. Apareció en 1982. Organismo Responsable: INCAE Business School. En papel.

Informaciones. Cuadernos de cultura e información general. El primer número se publicó el 14 de julio de 1946.

Italia Libre. Órgano del Comité Italia Libre de Costa Rica. Promovió la libertad de Italia y comenzó a circular el 15 de septiembre de 1943.

Káñina. Revista de artes y letras de la Universidad de Costa Rica Universidad de Costa Rica, Facultad de Letras, Escuela de Filología y Lingüística. Semestral. Apareció en 1977. Circula en papel y en línea.

Publicación dedicada a la difusión, principalmente, de la literatura costarricense y aunque reciben artículos sobre cualquier literatura, pintura, grabado, música, teatro, y en general contribuciones de escritores de todas las ramas, le da cabida solamente lo que poseen alto nivel académico, cultural y estético.

La Patria. Diario republicano de la tarde del Partido Republicano. Dirigido y editado por Tobías Gutiérrez, V.

El primer número se publicó el 27 de octubre de 1915.

Las Noticias. Diario independiente dirigido por su propietario Abraham Madrigal y Lísimaco Chavarría, con la colaboración de Rosa de Chavarría.

El primer número se publicó el 6 de junio de 1904

Un diario independiente de la tarde homónimo dirigido por Juan R. Acuña G. apareció el 3 de diciembre de 1914.

Incluía información noticias nacionales e internacionales, variada y anuncios comerciales.

Lealtad. Periódico relacionado con la comunidad Pro-República Española. Incluía información variada y noticias principalmente de Europa. Se reanuda el 14 de abril de 1945 después de seis años de inactividad.

Los Lunes. Semanario de intereses generales editado por Ulises Soto. El primer número se publicó el 2 de mayo de 1927.

Incluía información nacional e internacional.

Lucha. Periódico de la ciudad de Quepos, dirigido por A. Rodríguez M. El primer número se publica en junio de 1956. Incluía información de interés para el cantón de Aguirre.

La Tribuna. Semanario independiente. Redactado por Rafael Paut, editado por J. de D. Guillén A. Periódico político que apoyaba al Partido Republicano. El primer número se publicó el 1 de enero de 1902.

Un diario político homónimo fue órgano del Partido Civil. Comenzó a publicarse en febrero de 1909. Dirigido por Rómulo Tovar y administrado por su propietario Manuel Vargas.

Un tercer periódico homónimo, diario, que Incluía información nacional e internacional apareció el 15 de abril de 1920. Al inicio se llamó La Tribuna: diario de la mañana y fue dirigido por Octavio Jiménez. Se publicó hasta 1951.

La Unión. Un periódico bisemanal, dirigido por Clodomiro Picado L. Vio la luz pública el 1 de junio de 1904.

Daba entrada a información nacional e internacional.

La Unión Comercial. Bisemanario editado por Juan M. Murillo y administrado por Abel Mena. El primer número se publicó el 15 de setiembre de 1906.

La Unión Nacional. Semidiario político de la tarde. Órgano del Partido Unión Nacional que apoyaba la candidatura de Carlos Durán a la Presidencia de la República para el periodo 1914-1918. Editado y redactado por Guillermo Vargas y Rómulo Tovar.

El primer número se publicó el 17 de mayo de 1913.

La Unión Obrera. Lo editó Octavio Montero y administró Félix Quesada.

El primer número se publicó el 2 de julio de 1915.

La Sátira. Comenzó a publicarse el 11 de setiembre de 1915.

Hebdomadario semanal ilustrado de crítica humorística, actualidades, caricatura, anuncios. Editada por Rafael Jiménez G. y con dibujos de E. Robles S.

La Semana. Publicación política editada Editado por Francisco Núñez en 1914.

Con el mismo título, pero en fecha desconocida, Armando Saavedra publicó un periódico dominical que incluía información sobre comercio, industria, literatura y variedades.

Una revista de humor y mal humor, homónima, dirigida por sus propietarios Antonio Zelaya hijo y Miguel A. Obregón Z., comenzó a circular en 1918.

En 1919, uno de los propietarios de la anterior publicación, Antonio Zelaya hijo, dio a la luz, una revista de igual nombre con información variada y humor gráfico.

Otra publicación homónima semanal, de índole humorística, comenzó a circular ese mismo año, bajo la responsabilidad de José María Pinaud.

La Semana Cómica. Publicación dirigida por Jenaro Cardona que incluía información variada y humor gráfico. El primer número se publicó el 1 de setiembre de 1912.

Con un título semejante, pero en fecha no precisada, Pío Luis Acuña publicó un periódico dedicado también al humor gráfico y a información general.

La Vanguardia. Periódico obrero que se promocionaba como "adalid del Partido Progresista". El primer número apareció el 16 de octubre de 1921. Dirigido por Carlos Roldán H., Arturo Sánchez R. y Máximo Bermúdez.

Con un título semejante había aparecido en la Provincia de Guanacaste en 1900 una publicación semanal política y de intereses generales dirigida por Francisco Faerron. La impresión se efectuó en la Tipografía de Liberia.

Durante 1901 se promocionaba como órgano del Partido Civil de Guanacaste.

La Violeta. Órgano de la Gran Botica La Violeta. Comenzó a publicarse en 1905. Informaba sobre salud y farmacia.

La Voz del Atlántico. Periódico publicado en Limón, en fecha no precisada, que a partir de septiembre de 1942 pasó a llamarse La Voz Atlántica.

Fue dirigido por Rogelio Gutiérrez Ross. Bilingüe español-inglés.

La Voz del Pueblo. El 15 de setiembre de 1913 en Cañas, Guanacaste, apareció una publicación quincenal como "órgano de anuncio de la Botica Internacional Las Cañas". Tuvo como redactor a Abrahán Acosta Castro. Incluía información de interés para el cantón.

La Voz del Puerto. Bisemanario de intereses generales de Puntarenas y Guanacaste. Incluía información nacional y noticias internacionales. Inició su publicación el 5 de octubre de 1939.

La Revolución. Fue un periódico político de izquierda dirigido por Manuel Mora Valverde y Ricardo Coto Conde.

El primer número circuló el 15 de marzo de 1930.

La Salud. Órgano de la Cruz Roja Costarricense. Dirigido por el doctor Odio de Granda y redactado por Rogelio Sotela.

El primer número se publicó el 17 de julio de 1925.

La Sanción. Periódico de contenido político y de intereses generales cuyo primer número apareció en 1921. Lo dirigió su propietario H. von Bulow.

La Patria. Diario político y noticioso que dirigió Eduardo Esquivel y administró J. Alabarta. El primer número se publicó el 30 de agosto de 1903.

Otra publicación homónima, de fecha no precisada, diario de intereses generales, fue editada y administrada por Aquileo J. Echeverría.

Un tercer periódico homónimo apareció por única vez el 15 de setiembre de 1933 y fue editado por Gerardo Hernández M. y R. Rojas Vincenzi.

Publicaba información sobre la República de Costa Rica, su Independencia, los héroes de 1856, etc.

Patria. Diario republicano dirigido y editado por Ernesto Martín.

El primer número apareció el 1 de julio de 1906.

La Pluma. Redactado por su propietario Carlos de J. González. Incluía información política y literatura. No tiene fecha de publicación, pero incluye una anotación del 12 de setiembre de 1903.

La Prensa. Diario de la vida nacional redactado por José María Pinaud. Apareció en 1919.

Incluía noticias nacionales e internacionales.

La Razón. Diario ilustrado de la tarde con noticias nacionales e internacionales.

El primer número circuló el 1 de noviembre de 1940.

Tuvo como director a José María Pinaud.

El 8 de noviembre de 1921 apareció el primer número de otra publicación homónima bajo la responsabilidad de Jaime Gálvez y José Montero. Fue un semanario político y de la vida nacional.

La Noticia. Esta publicación fue editada por Víctor M. Cabrera y el primer número circuló el 14 de agosto de 1922.

Emitía noticias nacionales e internacionales.

La Nueva Cartago. El primer número vio la luz pública el 1 de diciembre de 1911.

Se anunciaba como "semidiario independiente al servicio de los intereses cartagineses y del país en general".

Tuvo como director a Víctor Manuel Rojas y fue redactado por Amado Chaverri Matamoros.

La Nueva. Diario independiente de la tarde dirigido por Carlos Jinesta.

El primer número se publicó el 5 de noviembre de 1921. Producía información nacional y noticias internacionales.

La Linterna. Semanario festivo editado por E.W. Hutt y Asdrúbal Villalobos e impreso por la imprenta Falcó y Borrasé.

No se dispone de otros datos de identificación.

Pero sí del periódico humorístico homónimo editado por Falcó y Hernández, el cual comenzó a publicarse el 18 de julio de 1913 en la imprenta Moderna.

La Lucha. Bisemanario político y de intereses generales que apoyaba la candidatura de Ricardo Jiménez.

Lo editó J. Madriz C. y comenzó a publicarse en 1908 en Cartago.

El 17 de setiembre de 1913, bajo la dirección de Salvador R. Merlos, apareció otra publicación homónima que apoyaba la candidatura a la presidencia de la República de Máximo Fernández.

DEHUIDELA. Revista Latinoamericana de Derechos Humanos Trimestral. Organismo Responsable: Universidad Nacional, Instituto de Estudios Latinoamericanos (IDELA), Heredia. Impresa. Apareció en 1999 y dejó de circular en 2008.

Deportivo Mundial. Periódico Dirigido por Mario Madrigal. Incluía información deportiva nacional e internacional, así como y caricaturas.
Apareció el 19 de enero de 1953.

Despedida de Judas Iscariote. Periódico satírico se publicaba anualmente. Apareció el 7 de abril de 1901.

Diario Costarricense Periódico independiente herediano editado por Luis Cartín G. Incluía información variada.

El primer número se publicó el 3 de diciembre de 1905.

Cuadernos Prometeo. Revista de investigación científica de Escuela de Filosofía, Facultad de Filosofía y Letras, Universidad Nacional de Costa Rica, Heredia. Ya no circula. Apareció en 1979

La Mañana. Fue un diario independiente dirigido por V.M. Obregón, cuyo primer número se publicó el 15 de junio de 1921. Generalista.

La Nación. Un diario informativo y de intereses generales hizo su aparición el 17 de agosto de 1919.

Lo editó Rogelio Gólcher.

La Independencia. Periódico publicado con motivo del centenario de la Independencia de Costa Rica el 15 de setiembre 1921. Fue dirigido por José M. Zúñiga Ch. y editado por Delfín Madrigal.

Se publicó un único número.

La Información. Diario oficial del Gobierno de los Tinoco, que fue incendiado en 1919, por una multitud enfurecida.

Domingo VII. Periódico gratuito de publicación anual que se publicaba el Domingo de Resurrección. El primer número se publicó el 7 de abril de 1901. Incluía el Testamento de Judas.

Don Lunes. Semanario de la nueva Costa Rica. Periódico de información variada y humor gráfico Dirigido por Carlos Fernández Mora. Se inició en 1935

Don Quijote. Se anunciaba como "semanario humorístico, satírico y caballeresco".

Editado por Rogelio Fernández G. El primer número se publicó el 8 de septiembre de 1901.

Bionet. Circuló trimestralmente desde 1966 hasta 1999. Publicó temas biológicos y se imprimía en la Editorial Universitaria.

No daba cabida a "información sobre religión y política de partidos".

El Obrero. Un "periódico republicano", dirigido por Gerardo Vega C. y administrado por Emilio Solís R., comenzó a circular el 27 de octubre de 1901.

La Lata Política. Periódico político de carácter satírico. Fue editado por A. M. Angulo.

El primer número se publicó el 13 de abril de 1901.

La Ley. Periódico redactado y administrado por Ernesto Martín, cuyo El primer número se publicó el 7 de octubre de 1898.

Se imprimía en la tipografía El Fígaro.

La Estrella de Cartago. Publicación dirigida y redactada por Fernando Chacón. El primer número se publicó el 22 de octubre de 1944. Incluía información sobre política y asuntos de interés para la provincia de Cartago.

La Gacetilla. Periódico limonense de información general de interés para la provincia que fue dirigido por José A. Chaves P. y administrado por Enrique Arrazola.

El primer número circuló el 8 de diciembre de 1928.

La Guerra y sus Consecuencias (The War and its Effects). Semanario bilingüe que publicaba las "noticias oficiales ofrecidas por la Legación Británica" sobre la II Guerra Mundial.

El primer número apareció en setiembre de 1940.

La Idea Libre. Semanario republicano de oposición y de intereses generales editado y administrado por Juan R. Víquez Segreda, cuyo primer número apareció el 9 de mayo de 1903.

La Defensa. Comenzó a circular en noviembre de 1901. Fue administrado por su propietario Emiliano Sánchez Pradilla y dedicado a la defensa de los partidos liberales.

La Democracia. Apoyaba la candidatura de Rafael Yglesias Castro para ocupar la presidencia de la República en el periodo constitucional 1914-1918.

Y aunque se promocionaba como un periódico "dedicado a los intereses locales de San Ramón, Palmares y Atenas", se publicaba en San José.

El primer número circuló el 11 de setiembre de 1913.

La Época. Vio la luz pública el 2 de agosto de 1934. Era de índole religiosa con artículos sobre los intereses sociales. Lo editó Luis Cartín y fue dirigido por Guillermo Angulo.

Antes, concretamente el 14 de setiembre de 1910, la Sociedad Regeneración había publicado un periódico homónimo. Lo editó Luis Cartín G. en la Imprenta Lines. Fue de índole independiente.

A este editor se deben otros dos periódicos homónimos, un diario católico de la tarde, dirigido por Matías Trejos, y otro diario católico independiente, ambos con fechas desconocidas de aparición.

Otra publicación periódica católica, en fecha desconocida, dirigió Guillermo Angulo.

La Escuela Costarricense. Fue órgano del Magisterio y el primer número se publicó el 1 de junio de 1921.

La Acción Social. Fue un diario católico dirigido por Luis Cartín que comenzó a publicarse el 25 de diciembre de 1917.

La Aurora. Comenzó a publicarse en noviembre de 1904 y tuvo como gerente a Roberto Brenes Mesén. Ofrecía información variada, noticias nacionales e internacionales.

La edición del sábado incluía un boletín literario.

La Aurora Social. Fue vocero de la clase obrera centroamericana. De periodicidad semanal. Lo dirigió Gerardo Vega C. y tuvo como editor a Ovidio Rojas.

El primer número apareció el 9 de julio de 1912.

La Bandera Agrícola. Órgano del Partido Agrícola. El primer número se publicó el 26 de noviembre de 1921.

La Bandera Nacional. Semidiario político órgano de los partidos independientes. Se promocionaba como un periódico "fundado con el propósito único de conseguir el triunfo de la Unión Republicana".

Lo dirigió Arturo Rosales y el primer número se publicó el 14 de enero de 1905.

La Broma. Semanario satírico editado por Emilio Alpízar y dirigido por Armando Cardenal. Se comenzó a publicar el 22 de mayo de 1914.

Tuvo como caricaturista a Francisco Hernández.

Otra publicación homónima de la misma índole apareció el 3 de diciembre de 1914.

Tuvo como director y editor a Alfredo Carranza Solís. Lo redactó Aurelio Salazar Salazar.

El dibujante fue Eladio Robles Salazar.

La Campana de Cubujuqui. El primer número apareció el 15 de julio de 1946. Heredia. Fue un periódico mensual de la Asociación ALA, editado por Miguel Ángel Sáenz y Manuel Palomares.

Mercurio. Dirigido por M. Goyenaga. El primer número se publicó en mayo de 1921.

Órgano de finanzas, comercio e industrias

Minerva. Órgano de la Escuela Pedro Murillo Pérez

Periódico mensual publicado por el sexto grado de la Escuela Pedro Murillo Pérez de Barva.

Incluía información de interés para los estudiantes.

El primer número circuló el 1 de marzo de 1929.

La Prensa Libre. El primer número circuló el 11 de junio de 1889, como respuesta de la oposición al gobierno y a su periódico La República.

Era una página impresa por ambos lados, de carácter político y dirigido por Juan Fernández Ferraz.

Se dejó de publicar el 12 de junio de 1919.

La Propiedad. Periódico de los hacendados de circulación semanal editado por Estevan Huard.

El primer número apareció en mayo de 1882.

Fue Impreso por la imprenta La Tiquetera.

La Provincia. El primer número apareció el 11 de junio de 1908. De periodicidad semanal.

Se dedicó a la defensa de los intereses de la provincia de Heredia.

Fue dirigido y editado por José J. Chaverri y administrado por la imprenta de L. Cartín G.

Navidad. Periódico comercial publicado en diciembre de 1928. Editado por Manuel Saavedra H.

Nicaragua. Boletín publicado por la Oficina del Agregado de Prensa a la Legación de Nicaragua en Costa Rica.

El primer número se publicó en enero de 1948.

Nosotras. Órgano de prensa de la Unión de Mujeres Carmen Lyra. Dirigido por Ruth Carrasquilla.

El primer número se publicó el 15 de setiembre de 1949. Incluía información sobre política, lucha social y lucha de las mujeres por sus derechos.

Nosotros. Periódico dirigido por Rodolfo Saénz, Fabio Chaves, Agustín Achio y Wilfrido Hernández.

Inició su publicación en septiembre de 1949.

Novedades. Periódico editado por Arturo Fonseca. Incluía información nacional e internacional.

El primer número se publicó el 2 de marzo de 1936

O.D.E.N. Periódico de la Organización de Estudiantes Normalistas. Dirigido por Carlos A. Loría y administrado por Mario Benavides R.

El primer número se publicó el 16 de agosto de 1944.

Once de Abril. Publicación semanal.

Periódico alajuelense dirigido por Francisco Romero de Garaicoechea y administrado por Ezequiel Fonseca. Incluía información variada.

El primer número se publicó el 5 de julio de 1914.

Oportunidad. Semanario editado por Amando Céspedes. Inició su publicación el 8 de agosto de 1908. Incluía noticias nacionales y otra información variada.

Orfeo. Órgano del orfeón de la Asociación de Cultura Musical. Dirigido por Gonzalo Brenes C.

El primer número se publicó en octubre de 1943.

Orientación Sindical. Órgano del Comité Nacional Sindical. El primer número se publicó el 12 de noviembre de 1942. Incluía información nacional e internacional sobre la lucha obrera.

Brenesia. Es una revista científica que publica manuscritos originales sobre Historial Natural, Ecología, Taxonomía, Sistemática, Biología de la Conservación, Historia de la Biología, Biogeografía y Geología, todos de la región Neotropical.

Su nombre honra al botánico costarricense Alberto Manuel Brenes (1870-1948) y además de trabajos de investigación también publica artículos teóricos, comunicaciones breves y ampliaciones de ámbito.

Apareció en fecha no determinada de1972. Periodicidad semestral.

La publica el Museo Nacional de Costa Rica.

Vida y Verdad. San José, 1, abril 1904. Editores: Jonathan Riedell (Joaquín García Monge) y Roberto Brenes Mesén.

El Sur. Fue fundado en fecha no determinada de 1999 por Esther Castillo Jiménez, Gustavo A. Solera y Rodrigo Solera.

Cubría toda la provincia de Puntarenas, desde el Puerto hasta la frontera con Panamá.

http://www.colper.or.cr/paginas/remar/sur.htm

La Voz de la Pampa. Es un medio de comunicación impreso que circula en Guanacaste, desde fecha no determinada de1987 en los cantones de Abangares, Bagaces, Cañas, Carrillo, Hojancha, La Cruz, Liberia y Nandayure, asimismo en Nicoya, Santa Cruz y Tilarán y Puntarenas Centro.

Brinda a la lectoría la opción más completa de información de las comunidades provinciales, comunicando las necesidades de estas y destacando las prioridades, anhelos y proyecciones de éstas para todo el público lector costarricense.

Ha impuesto un nuevo estilo de hacer periodismo alternativo, con el uso de la más moderna tecnología, y profesionales capacitados en cada uno de los campos periodísticos.

En 2002 el periódico fue reconocido y premiado como el "mejor medio de comunicación de Guanacaste", galardón que por primera vez se presentaba a un medio impreso por la Federación de Asociaciones de Guanacaste.

Mensuario que tuvo como fundadores a Rodrigo Solera Solera y Esther Castillo Jiménez
http://www.colper.or.cr/paginas/remar/vozpampa.htm

Semanario Universidad. Periódico universitario de la Universidad de Costa Rica.

El Siglo. Fue fundado en 1997 por Gustavo Adolfo Solera Castillo J., Esther Castillo Jiménez y Rodrigo Solera Solera. Publicación mensual con circulación nacional.

El Sur. Fue fundado en 1999 por Esther Castillo Jiménez, Gustavo A. Solera y Rodrigo Solera. Circula en toda la provincia de Puntarenas, desde el Puerto hasta la frontera con Panamá.

The Tico Times News. Fue fundado en 1956 como una publicación estudiantil bajo la guía de Elisabeth "Betty" Dyer, en la Escuela Lincoln de San José. El Times se convirtió en la publicación líder en inglés de Centro América y en un ejemplo de periodismo ambiental e investigativo, según el periódico La Nación y El Tico Times.

Tico Times. El diario en inglés más antiguo de Costa Rica deja de publicar versión impresa.

Fue fundado en 1956 como una publicación estudiantil bajo la guía de Elisabeth "Betty" en la Escuela Lincoln en San José. El Times se convirtió en la publicación líder en inglés de Centro América y en un ejemplo de periodismo ambiental e investigativo, según el periódico La Nación y El Tico Times.

La Nación. Circuló por primera vez el 12 de octubre de 1946, bajo la batuta de Ricardo Castro Beeche, Sergio Carballo Romero y Jorge Salas. San José. Generalista. Matutino. Tabloide. Diario. Es propiedad del Grupo Nación S.A. Se distribuye en todo el país.

Su primera plantilla de redactores estuvo conformada por Adrián Vega Aguiar, Salvador Lara, Eduardo Chavarría, Hortensia Echeverría, Federico González Campos, Claudio Ortiz Oreamuno y Joaquín Vargas Gené. Además, sería la cronista social

Nació para engrosar las filas de la crítica contra los excesos del gobierno de Teodoro Picado Michalski, junto con los periódicos de aquel entonces: El Diario de Costa Rica, La Prensa Libre y La Hora. La Tribuna, voz y fuerza oficialista por excelencia, vuelve más polémica la oferta informativa del ambiente.

Publica los suplementos Áncora, cultural dominical, desde el 4 de enero de 1981, DC o De Compras, guía semanal de artículos y servicios, que aparece los martes, desde el 4 de agosto de 1998, Revista Dominical, que inicialmente se llamó Proa, aparecida en 1992, que circula los jueves, Somos Célebres, semanal de información comercial-empresarial, que aparece los jueves desde el 8 de junio de 2004, Teleguía, guía de televisión; de aparición dominical, desde el 4 de noviembre de 1994; Viva, diario de espectáculo y entretenimiento que los viernes se convierte en la guía del fin de semana Viva el Tiempo Libre, desde el 18 de mayo de 1987, y Zurquí, de carácter educativo nacido el 16 de enero de 1979 con periodicidad semanal, pero que después dejó de tener una fecha de aparición específica.

Este periódico tuvo también el suplemento Ámbitos, dedicado al tema inmobiliario, que nació en septiembre de 2008 y murió en enero de 2009.

Las primeras ediciones del diario se levantaron en un linotipo modelo 5, construido en 1896 por la compañía Mergenthaler

Fuentes: Wikipedia, la enciclopedia libre, http://www.gruponacion.co.cr/?q=historia

Diario Extra. San José. Lema: "Vivan siempre el trabajo y la paz". Tabloide. Circula de lunes a sábado en todo el territorio costarricense. Fue fundado en octubre de 1979 por William Gómez Vargas y José Andrés Borrasé Taylor. Generalista. Se le conoce popularmente como La Extra. Sensacionalista.

Según explica la investigadora Ana C. Sánchez en su libro Caricatura y Prensa Nacional, es un medio que se vende al pregón como "la mentirosa", "la chismosa" y "la exagerada".

El periódico publica suplementos educacionales. Es parte de la Sociedad

Periodística Extra LTDA Grupo Extra, conformada además por el periódico La Prensa Libre, Radio América y ExtraTV42

Zurquí. Suplemento educativo de La Nación. Cuyo primer número circuló el 16 de enero de 1979.

Desapareció en fecha no determinada de 1992

Se distribuyó gratuitamente en las diversas provincias.

La República. Nació bajo la administración de José Figueres Ferrer el 1º de noviembre de 1950 como vocero del Partido Liberación Nacional. Su nombre recuerda el periódico homónimo que dirigió Aquileo J. Echeverría, y el primer logotipo del diario fue diseñado por Omar Dengo.

Tuvo como primer director a Alberto Cañas Escalante.

Inicialmente el formato del diario era estándar, pero para diferenciarse de la competencia en ese sentido, cambió el formato a tabloide. Asimismo, introdujo una página de columnistas permanentes, una sección de críticas de cine y teatro, así como un suplemento sobre literatura y poesía.

Además, incentivó a los periodistas para que optaran por un trato personalizado y directo con su fuente de información, transcribiendo las entrevistas e incluso agregando comentarios; a fin de evitar las conferencias de prensa y boletines, muy de moda en aquella época.

A pesar de haber nacido bajo un color político en la época posterior a la revolución de 1948, se convirtió en un centro de tertulia donde participaban personajes de la vida política e intelectuales nacionales y latinoamericanos.

En 1960 empezó un proceso de despolitización y se trasformó poco a poco en un órgano de información y entretenimiento cuyos periodistas en su mayoría eran también escritores. Del mismo modo llegó a contar con muchas colaboraciones de jóvenes exiliados, quienes enriquecieron su calidad.

En 1966 su propietario vendió el periódico a Rodrigo Madrigal Nieto.

En los años 70 pasó a ser el primer periódico costarricense en utilizar color en su impresión y trabajar con la batería de levantado de textos "Compugraphic".

Sería a finales de los años 80, cuando dejó de lado el color político para adquirir una postura independiente.

En 1994 fue adquirido por el grupo Hollinger, para ese entonces la tercera editorial de periódicos del mundo, una organización independiente, dedicada exclusivamente al periodismo.

A partir del año 2000, como en Costa Rica no existía un diario especializado en el ámbito de los negocios que solventara las necesidades de información de ejecutivos y empresarios, le dio cabida a este segmento de lectores sin menoscabar la cobertura de los temas de desarrollo social, así como cultura, entretenimiento y deportes.

En 2007, Hollinger vendió el 100% de las acciones del diario a un grupo de socios locales, transformándose en República Media Group, evolución que significó la creación de novedosos productos y servicios, como la revista mensual Estilo Ejecutivo; Casa Ideal, Código Salud, Motores Elite y otros suplementos.

En 2008 RMG se proyectó a nivel mundial, con el lanzamiento del dinámico portal de negocios: www.centralamericaLINK.com.

Ha publicado los suplementos especiales San Valentín, CADEXCO, Guía Comercial Sale, CHAMBERS, Posgrados, Celulares, Guía Navideña, Aniversario, Guía Comercial, Marchamos, Tarjetas, Una mirada a Gran Bretaña, Ahorro, RSE, España: Presencia Empresarial, Energía Solar, Café, Factoreo, Vehículos de Trabajo, Universidades, Día de la Madre, Guía Día del Padre, Día Mundial del Medio Ambiente, Escuelas y Colegios, Firmas Legales, Flotilla, Holanda, 100 Años Cámara de Comercio de Costa Rica, RSE Día del Agua, Verano & Diversión, B2B, Ahorro, Black Friday, Tarjetas, 100 Años Banco Nacional, Innovación Médica, Franquicias, Tecnolife, Cooperativas,

Estados Unidos Costa Rica, Seguros, Holanda, Pymes 2014, Especial del Agua 2014, Guía de Autos 2014, Brasil, Netbanking, Créditos de Viviendas & Materiales de Construcción, Ahorro e Inversión 2014, Back to School, Casa Ideal, Portabilidad, y Niñez.

El Heraldo de Costa Rica. Este diario apareció en agosto de 1922 y se promocionaba como "de intereses generales".

Fue dirigido por Luis Demetrio Tinoco.

La República. Nació bajo la administración de José Figueres Ferrer el 1º de noviembre de 1950 como vocero del Partido Liberación Nacional. El nombre recuerda un periódico homónimo dirigido por Aquileo J. Echeverría.
El primer logotipo del diario fue diseñado por don Omar Dengo.

Alberto Cañas Escalante fue su primer director.

Al principio, el formato del diario era estándar; pero después se transformó en tabloide, como se conoce hasta hoy.

Cañas además introdujo otras innovaciones, entre ellas una página de columnistas permanentes, una sección de críticas de cine y teatro, así como un suplemento sobre literatura y poesía.

En 1960 el periódico empezó un proceso de despolitización y se trasformó poco a poco en un órgano de información y entretenimiento cuyos periodistas en su mayoría eran también escritores; asimismo llegó a contar con muchas colaboraciones de jóvenes exiliados, quienes enriquecieron su calidad.

Dirigido por Rosendo Arguello, y redactado por Francisco R. Baldovinos. El primer número se publicó el 25 de setiembre de 1915.

Patria Nueva. Semanario consagrado a la propaganda de la Unión Centroamericana.

Dirigido y redactado por J. Dolds Corpeño. El primer número se publicó el 2 de setiembre de 1917.

Patria. Órgano del Comité Central Unionista. Periódico político que apoyaba la Unión de Centro América.

Comenzó a publicarse en 1917. Dirigido por J. Dolds Corpeño.

En marzo de 1927 hizo su aparición un periódico homónimo bisemanario, órgano del partido Unión Nacional, dirigido por Asdrúbal Villalobos, su contenido era político.

Por la Salud y la Vida. Periódico de la Escuela de Enfermería y Obstetricia anexa al Hospital San Juan de Dios. Dirigido por Deyanira Cavallini. El primer número se publicó el 1 de agosto de 1949.

Progreso. Lema: "semanario al servicio de los intereses de Alajuela". Dirigido por Armando Soto.

El primer número se publicó en agosto de 1944. Incluía información política, social y anuncios comerciales.

Rigoleto. Periódico semanal de chistes y caricatura. Dirigido por su propietario A.V. Araya.

El primer número se publicó el 14 de setiembre de 1912.

Rincón. Dirigido por S. García, S.V. Oviedo, J. Montero M y O. Bakit P.

Una publicación "de los artistas, para los artistas, para todos". Inició su publicación en agosto de 1943.

Sancho Panza. Periódico político, jocoso y de variedades, que inició su publicación el 20 de noviembre de 1897.

Semanario dirigido por su propietario Rafael Alpízar

Sagitario. Periódico semanal de ensayos literarios.

Dirigido y administrado por Hernán Valverde L.

El primer número se publicó el 4 de diciembre de 1915.

Sanción. Publicación obrera para todos y contra todos.

Contaba con la dirección de Víctor Manuel Salazar y Omar Dengo. Inició su publicación en noviembre de 1908. Incluía artículos de interés para el país.

Semanal Josefino. Editado por Antonio Argüello. El primer número se publicó en marzo de 1876.

Se imprimía en la imprenta de G. Molina.
Senda. Órgano de la Federación Estudiantil Católica. Dirigido por la Juventud Universitaria Católica. Incluía información de sobre educación, religión, literatura, entre otras. El primer número se publicó en agosto de 1946.
Sheik.

Órgano de la juventud libanesa de Costa Rica. El primer número se publicó en enero de 1944.

Incluía información sobre Libia, incluyendo literatura, política, historia y noticias.

Repertorio Agrícola. Semanario de agricultura. Editado por Franklin Rivera R. y Virgilio Caamaño S.

El primer número se publicó el 1 de julio de 1950.

Rerum Novarum. Fue editado por Danilo Jiménez Veiga y se promocionaba con un periódico independiente al servicio de los trabajadores. El primer número apareció el 14 de abril de 1944.

Trinchera. Periódico político de izquierda. Dirigido por Ignacio de la Cruz. Incluía información nacional e internacional. Apareció el 15 de junio de 1946.

The Times. El primer número se publicó en Limón el 12 de noviembre de 1910. Editado por la Compañía Yanguas y Caro. Incluía principalmente noticias de interés para la ciudad y anuncios comerciales.

Testamento de Judas. Periódico satírico publicado en abril de 1933. Se desconocen más datos.

Telégrafo. Órgano de la Asociación Nacional de Telecomunicaciones.
Dirigido por Fabio Soto D. El primer número se publicó en agosto de 1948. Incluía información de interés para la asociación y así como información literaria y social.

The Nation. Periódico limonense bilingüe. Editado por Salomón Aguilera Se publicaba cada tres semanas e incluía información de interés para la provincia de Limón. El primer número se publicó el 25 de abril de 1911.

Tribuna Libre. Semanario independiente.
Dirigido por Ricardo Rojas Vicenzi y administrado por Gregorio Sáenz Monge. Incluía información variada sobre el país. El primer número se publicó el 22 de diciembre de 1949

Transferencia de Tecnología. Fue una publicación periódica del Instituto Tecnológico de Costa Rica (ITCR), Cartago. De periodicidad bimestral en papel. Apareció en fecha no determinada de 1992.

Tico Times. Fue fundado en fecha no determinada de 1956 como una publicación estudiantil bajo la guía de Elisabeth "Betty" en la Escuela Lincoln en San José. El Times se convirtió en la publicación líder en inglés de Centro América y en un ejemplo de periodismo ambiental e investigativo.

El 28 de septiembre de 2012, su editor David Boddiger le confió a la agencia Associated Press que a partir de esa fecha sería una publicación exclusivamente en línea.

"Esta es una decisión que nos vimos obligados a tomar por los costos de distribución, impresión, papel y producción. Las necesidades están cambiando y la gente quiere más; aprovechan la tecnología y no están interesados en el periódico impreso", dijo el gerente de negocios del Tico Times Olman Chacón, según el sitio en internet del diario.

Trabajo. Un periódico comunista en una sociedad capitalista. El primer número, compuesto por cuatro páginas y con un precio al pregón de 10 centavos de colón circuló el 14 de julio de 1931. Entre esa fecha y octubre de 1932 circuló, en promedio, una vez al mes, y semanalmente a partir de enero de 1933.

Última Información. Semanario independiente y de intereses generales, dirigido por J. Cerna González y redactado por Claudio Ortiz Oreamuno.

Periódico puntarenense, el primer número se publicó el 6 de noviembre de 1944.

Ultima Hora. Editado por Mariano Hernández y administrado por Luis O. Soto. Incluía noticias nacionales y extranjeras. El primer número se publicó el 12 de abril de 1943.

V. PUBLICACIONES DEL SIGLO XXI

Ensayos Pedagógicos. El primer número de la revista apareció en 2002, y nació con el propósito de convertirse en un collage de voces y cosmovisiones, en un espacio en el que convergen experiencias de diferente índole educativa, pedagógica y didáctica que traspasan los muros de la Universidad y del propio país.
La publicación contribuye a la construcción conjunta del conocimiento y de discursos alternativos que nos estimulan para mejorar nuestras prácticas y realidades socioeducativas, pero sobre todo para transformar nuestra visión del mundo.

Dentista Empresario. Apareció en 2000. Bimestral. Organismo Responsable: Dentista Empresario, Editorial Alpe Editores S.A. Revista especializada en temas odontológicos.

Gaudeamus. Es una revista anual de la Universidad Latina de Costa Rica, que acepta artículos originales de creación individual o colectiva, en los primeros campos del saber, de la cultura y de las artes, que correspondan a las áreas de formación producidos en la actividad académica institucional, o en las comunidades académicas y profesionales afines: Administración, Ciencias Sociales, Ciencias de la Salud, Derecho, Ingeniería, Informática,

Arquitectura, Educación, Hotelería, Artes Culinarias, Turismo.
El primer número apareció en 2009.
Soporte en papel y en línea.
GeoBuzón. Revista electrónica aparecida en 2002 y fuera de circulación en 2008. Organismo Responsable: Universidad de Costa Rica, Maestría Centroamericana en Geografía.
Publicaba artículos sobre Ciencias de la tierra, Ecología y Geodesia.
Hidrogénesis. Revista del Instituto Costarricense de Acueductos y Alcantarillados. Apareció en 2003. De periodicidad semestral. Anteriormente se llamó Revista Evolución. En papel.
Hoja Filosófica. Revista de filosofía. Es una publicación de la Escuela de Filosofía de la Universidad Nacional de Costa Rica que se publica desde el año 2001.
Fue concebida inicialmente por el profesor Gerardo César Hurtado y contaba con tres ediciones impresas al año. Actualmente, además de la versión impresa, la revista cuenta con una versión digital y está orientada a la publicación de artículos de carácter filosófico. El propósito de la Hoja es brindar un espacio de discusión y reflexión, surgido desde el ámbito universitario, sobre las diversas problemáticas contemporáneas. Se publica de formal cuatrimestral en abril, agosto y diciembre.

Humanitas. Revista de Investigación de la Universidad Católica de Costa Rica, Moravia, dirigida a la comunidad académica interesada en la comunicación del pensamiento científico en el campo de la investigación básica y aplicada en Ciencias Sociales, Naturales y Tecnológicas; Filosóficas y Teológicas. Apareció en 2005. De periodicidad anual en papel.

TTaidaywyós. Apareció en fecha no determinada de 2011. Papel. Se le conoce también como Paidagógos. Producción de la Universidad Católica de Costa Rica Anselmo Llorente y Lafuente, Escuela de Ciencias Teológicas.

VI. REVISTAS GENERALISTAS E INSTITUCIONALES

Desde el siglo XIX, a la par de los periódicos, han hecho vida en Costa Rica diversos títulos de revistas de intereses generales o de índole institucional, tanto en formato de papel o electrónico como mixto, algunos de los cuales se citan a continuación:

Repertorio Americano. El primer número de esta revista, inspirada en la publicación homónima de Andrés Bello apareció 1 de septiembre de 1919, y su vida se prolongó hasta el número 1181, de mayo de 1958, cuando falleció su editor.

Fue dirigida por Joaquín García Monge, y en sus páginas publicaron sus textos grandes escritores nacionales e internacionales como Rómulo Tovar, Omar Dengo, Roberto Brenes Mesén, Fabián Dobles, Emma Gamboa Alvarado, Yolanda Oreamuno, Luis Dobles Segreda, Abelardo Bonilla, Juan Marinhelo (cubano), Alfonso Reyes Ochoa (mexicano), Pedro Henríquez Ureña (filólogo dominicano), Jaime Torres Bodet (mexicano), Arturo Capdevilla (poeta argentino), Marcelino Menéndez Pelayo (políglota español), José Vasconcelos (mexicano), Rafael Arévalo Martínez (novelista guatemalteco), Alberto Masferrer (periodista y diplomático salvadoreño) Gabriela Mistral y Pablo Neruda (Premios Nobel de Literatura chilenos), la novelista venezolana Teresa de la Parra y los escritores mexicanos Alfonso Reyes y José Vasconcelos, entre muchos otros.

Los costos de su edición se reducían estrictamente a los de imprenta, ya que los materiales para el montaje de sus contenidos se conseguían mayoritariamente de revistas, periódicos y libros que se le enviaban a García Monge desde los lugares más remotos de América y de España.

Se presentó en su primer número como una "Revista de Prensa Castellana y Extranjera. De Filosofía y Letras, Artes, Ciencias y Educación, Misceláneas y Documentos" y luego como "Cuadernos de Cultura Hispánica", pero siempre tuvo lugar para artículos de todas las disciplinas.

Al principio, fue quincenal y después, conforme avanzó el tiempo y los años en el editor, sus apariciones fueron espaciándose.

La revista reapareció en fecha no determinada de 1974, esta vez bajo la responsabilidad de la Universidad Nacional de Costa, por intermedio del Instituto de Estudios Latinoamericanos.

En su nueva época, comenzó con el número 1 y un formato diferente a la inicial. Las nuevas ediciones aparecen como "nueva época", con numeración corrida a partir del número 1 y un formato diferente con reminiscencias del modelo tradicional que identificó la Revista desde 1919, cuando la dirigía don Joaquín.

Las ediciones regulares son semestrales y versan sobre temas misceláneos relacionados sobre todo con América Latina.

UTN Informa. El primer número apareció en fecha no determinada de 1998.

De periodicidad trimestral en línea y en papel

Se llamó inicialmente ECAG Informa cuando la institución se conocía como la Escuela Centroamericana de Ganadería.

Órgano de la Universidad Técnica Nacional, Atenas, Departamento de Alajuela.

Les da cabida a temas sobre Zootecnia, Veterinaria, Ganadería y Agronomía.

Revista de divulgación científica y cultural.

Troquel. Fue un mensuario en papel del Banco Central de Costa Rica, Departamento. de Extensión Cultural que apareció en fecha no determinada de 1976 y dejó de circular en fecha no precisada de 1978.

Revista de divulgación científica y cultural

Universidad en Diálogo. Revista electrónica de Extensión de la Universidad Nacional.

Es una publicación con carácter institucional, un órgano de difusión amplio, que a la vez busca dar cuenta de la labor específica que realizan los y las académicas extensionistas y del impacto comunal que se genera en la sociedad y que alimenta, al mismo tiempo, esa labor.

Aqua Vitae. Apareció en 2005. Periodicidad semestral. Revista electrónica y en papel.

La revista es editada por el Grupo PAVCO (antes Amanco) y tiene como domicilio La Asunción de Belén, Provincia de Heredia.

Artmedia: Arte en Mesoamérica. Comenzó a circular en 2004. Periodicidad trimestral. Responsable: Fundación Artmedia. Privilegia los temas artísticos. Revista de divulgación científica y cultural. Impresa.

Acta Ortopédica Costarricense. Comenzó a circular en 2001. Órgano de la Asociación Costarricense de Ortopedia y Traumatología.

Periodicidad trimestral.

Revista técnico-profesional.

Actualidades Investigativas en Educación. Revista electrónica. publicación cuatrimestral de carácter académico, producida por el Instituto de Investigación en Educación (INIE), de la Universidad de Costa Rica, la cual se coloca a disposición de los docentes de esta universidad, así como de la comunidad nacional e internacional interesados en el área educativa.

El propósito de ésta es crear un espacio de análisis, discusión y reflexión en el área educativa; además de difundir la producción que realizan especialistas en esta área y aportes que se produzcan desde otras disciplinas, con la ayuda de las Tecnologías de la Información y la Comunicación.

Apareció en 2001.

Biocenosis. Revista de educación ambiental de periodicidad semestral del Centro de Educación Ambiental de la Universidad Estatal a Distancia. Apareció en 2002 y publica artículos sobre Biología, Ecología y Educación.

Circula en línea y en papel.

Praxis. Revista de la Escuela de Filosofía de la Universidad Nacional de Costa Rica (UNA).

Apareció en fecha no determinada de1975 y circula en línea y en papel.

Presencia Universitaria. Revista en papel y en línea. Nació en julio de 1990, por iniciativa del ex vicerrector de Acción Social de la Universidad de Costa Rica, Dr. Sergio Guevara Fallas, con el propósito de difundir el quehacer de la UCR, en todos sus ámbitos: académico, científico, cultural y de extensión a la comunidad.

Además, constituye un espacio para que las y los universitarios den a conocer sus ideas, sus mejores trabajos y todo aquello que sea de interés para la comunidad universitaria y nacional. También publica artículos especializados sobre salud y nutrición y de opinión realizados por académicos y académicas de esta Universidad.

Se edita cada tres meses.

Pórtico 21. Revista Literaria publicada por la Editorial Costa Rica.

Tiene como objetivo principal convertirse en un espacio de creación literaria y de divulgación para jóvenes escritores o de escritores noveles –y sus primeras publicaciones-; a su vez pretende ser un medio de opinión y de intercambio de ideas sobre temas relacionados con la literatura.

Perspectivas Rurales Nueva Época. Es una publicación de la Escuela de Ciencias Agrarias de la Universidad de Costa Rica.

Praxis. Es una revista publicada desde 1975 por la Escuela de Filosofía de la Universidad Nacional de Costa Rica (UNA).

Divulga la producción en el campo de la filosofía y áreas afines de los académicos y académicas de la Escuela, así como de especialistas de escuelas y áreas afines, tanto de la Universidad como de otras universidades e instituciones, nacionales e internacionales. También es un espacio para la divulgación de la producción académica calificada de las y los estudiantes de la Escuela, en particular los de sus programas de posgrado.

Páginas Ilustradas. San José. Revista semanal fundada el 1º de enero de 1904, dirigida por Próspero Calderón. Incluía secciones de ciencias, literatura, europea y social.

Pandemonium. San José. Revista mensual de intereses generales, política, ciencias, literatura, artes, ciencias, literatura, artes, anuncios.

En la I época, de 1902 a 1905, tuvo como propietarios a J. Arrillaga Roqué y J. A. Lomónaco y como redactor a J. Arrillaga Roqué.

Fue dirigida por Ernesto Martén y Ricardo Fernández Guardia y administrada por la Librería Moderna, de Antonio Font. Se distribuía en Centroamérica y se anunciaba en revistas sudamericanas.

En la II época, desde 1913 a 1915, pasó a ser una revista quincenal ilustrada de ciencias, letras y artes, dirigida por Justo A. Facio.

Quadrivium. Apareció en 2000. Trimestral. Ya no circula. Fue publicada por la Universidad de Costa Rica, Escuela de Artes Plásticas, Cátedra de Historia del Arte.
Revista de divulgación científica y cultura.

Relaciones Internacionales. Es una revista producida por la Escuela de Relaciones Internacionales de la Universidad Nacional de Costa Rica especializada en abordar temas propios de las relaciones internacionales, a través de investigaciones, ensayos e informaciones originados en la comunidad académica nacional e internacional.

Repertorio Americano. La revista fue fundada en 1919 por el Benemérito de la Patria Don Joaquín García Monge, quien la editó hasta su muerte en 1958.

Desde 1974, es publicada por la Universidad Nacional (a la cual le fueron cedidos los derechos por los herederos del Maestro García Monge), específicamente por el Instituto de Estudios Latinoamericanos que es, asimismo, depositario de la Colección Repertorio Americano, 1919-1958.

Repertorio Segunda Nueva Época. Es una publicación académica, anual, inscrita en el Programa Integrado Repertorio Americano, del Instituto de Estudios Latinoamericanos, IDELA.

Como revista universitaria, se encuentra formalmente constituida como proyecto de extensión, evaluado, aprobado y refrendado por las instancias académicas competentes.

Revista Ciencias Marinas y Costeras (REVMAR). Su propósito es divulgar trabajos originales relacionados con las ciencias marinas, incluyendo biología, geología y ecología marina, oceanografía, evolución, sistemática y taxonomía de los organismos marinos, contaminación, pesquerías, maricultura, biotecnología marina, conservación y manejo integrado de los recursos marinos y costeros.

Revista de Ciencias Veterinarias. Es una publicación científica periódica, que se ha publicado en formato impreso, Vol. 1 (1) hasta Vol. 25(1) y que a partir del Vol. 25 (2) se publica en formato electrónico, dirigida a profesionales y estudiantes de Medicina Veterinaria y otras Ciencias de la Salud cuyo propósito fundamental lo constituye la difusión del conocimiento científico en las áreas de Medicina Veterinaria y Salud Pública Veterinaria, generado en Costa Rica y otros países de la región iberoamericana.

Revista de Ciencias Ambientales. Publicación internacional interdisciplinaria creada en 1980 y publicada de manera semestral desde la Escuela de Ciencias Ambientales de la Universidad Nacional de Costa Rica. Su objetivo es estimular y difundir investigación novedosa, pertinente y rigorosa en el campo ambiental.

A partir de 2015 su publicación pasó a ser electrónica de acceso libre.

Revista de Historia. Es una publicación académica de periodicidad semestral de la Escuela de Historia de la Universidad Nacional, orientada a la divulgación de investigaciones que contribuyen al desarrollo de la disciplina histórica, así como de estudios interdisciplinarios con perspectiva histórica.

Revista de Política Económica para el Desarrollo Sostenible. Busca convertirse en un medio de difusión académica en temas sobre política económica y desarrollo sostenible para América Latina y el Caribe. Impulsado por un espíritu crítico de difusión del conocimiento, nuestra revista buscará visualizar la política económica bajo un enfoque integral y sobre todo multidimensional de los fenómenos que retan la política de económica de la región de América Latina y el Caribe.

Revista Electrónica Educare. Está adscrita al Centro de Investigación y Docencia en Educación, de la Universidad Nacional de Costa Rica. Es una publicación internacional de carácter académico. Su formato y publicación es electrónico.

Su periodicidad es cuatrimestral. El primer número comprende de enero a abril. El segundo número, de mayo a agosto. El tercer número, de setiembre a diciembre.

Tiene como objetivo es divulgar la producción científica y promover la reflexión académica en todos los campos de la educación del ámbito nacional e internacional.

Revista Feminista Casa de la Mujer. Es una publicación especializada del Instituto de Estudios de la Mujer, de la Universidad Nacional de Costa Rica, que se edita desde 1991. Su periodicidad es bianual. El objetivo es ofrecer un espacio abierto de reflexión, debate académico y expresión artística, con perspectiva de género, sobre temas de interés nacional e internacional.

Revista Geográfica de América Central. Es una publicación impresa dirigida por la Escuela de Ciencias Geográficas (Facultad de Ciencias de la Tierra y el Mar) de la Universidad Nacional de Costa Rica y editada periódicamente por la Editorial de la Universidad Nacional (EUNA) desde el año 1974.

El objetivo es difundir investigaciones y los trabajos geográficos y afines realizados en el ámbito nacional e internacional, así como promover la discusión y el aporte de los geógrafos a la sociedad de hoy.

Revista Latinoamericana de Derechos Humanos. Es una publicación de carácter académico del Instituto de Estudios Latinoamericanos (IDELA), Facultad de Filosofía y Letras de la Universidad Nacional (UNA) de Costa Rica, la cual se distribuye en diversos países de América y otras partes del mundo.

Revista Nuevo Humanismo. Está adscrita al Centro de Estudios Generales de la Universidad Nacional y publica trabajos originales con el objetivo de divulgar conocimientos en diferentes áreas de especialización del conocimiento, los cuales permitan orientar a los lectores hacia el aporte a la cultura humanística que caracteriza al Centro.

Revista Pharmaceutical Care. La Farmacoterapia. Es una publicación electrónica gratuita, dirigida a farmacéuticos, estudiantes de farmacia y profesionales que se desempeñan en el ámbito de la salud; revisada por pares nacionales e internacionales, enfocada hacia la práctica farmacéutica; que publica artículos referentes en las áreas de la promoción de la salud, la educación sanitaria, la educación continua, la farmacoterapia, la farmacología, la farmacoeconomía, la administración y gestión de servicios de salud, entre otros.

Tecnología en Marcha. Es una revista publicada por el Instituto Tecnológico de Costa Rica, Cartago.

Su principal temática es la difusión de resultados de investigación y de la práctica profesional y docente en temas científicos y tecnológicos, así como de análisis del rol de las diferentes disciplinas tecnológicas y su importancia para el desarrollo del conocimiento.

El contenido de la revista está dirigido a investigadores, especialistas, docentes y estudiantes universitarios.

Apareció en fecha no precisada de 1978. Aparece trimestralmente en papel y en línea.

Tecnología MOPT. Revista del Centro de Transferencia de Tecnología. En línea y en papel. Editorial del Ministerio de Obras Públicas y Transportes.

Trimestral. Apareció en fecha no determinada de 1993

Inicialmente fue llamada Boletín Tecnología MOPT

Temas de Nuestra América. Revista en línea de estudios latinoamericanos. Producida por la Universidad Nacional de Costa Rica, Instituto de Estudios Latinoamericanos (IDELA), Heredia.

De periodicidad semestral. Apareció en 1984.

Tierra Tropical: Sostenibilidad, Ambiente y Sociedad. Revista de la Universidad EARTH.

Sus objetivos son los siguientes:

Publicar artículos científicos y técnicos, priorizando los producidos en la Universidad EARTH.

Publicar notas técnicas producidas en el proceso de enseñanza aprendizaje del Ingeniero Agrónomo de EARTH.

Comunicar las experiencias de graduados y el trabajo en comunidades en el área de influencia de la universidad.

Servir de nexo entre la comunidad agraria, empresarial y la académica, con especial énfasis en los países en vías de desarrollo

Tópicos Meteorológicos y Oceanográficos. 1996. Revista del Ministerio de Ambiente y Energía, Instituto Meteorológico Nacional,

Trama. Revista del Instituto Tecnológico de Costa Rica de la Escuela de Ciencias Sociales de periodicidad semestral. Cartago.

Apareció en fecha no determinada de 2007. En línea.

Revista Jurídica de Seguridad Social. Es una publicación de la Caja Costarricense de Seguro Social, bajo la responsabilidad editorial de la Dirección Jurídica, creada por acuerdo de Junta Directiva, artículo 70, sesión No. 6454 del 20 de setiembre de 1990. Se publica semestralmente, sin perjuicio de que puedan editarse números extraordinarios, a criterio del Consejo Editorial.

La revista se especializa en los temas de la Seguridad Social y acepta toda colaboración que enriquezca, profundice y amplíe el conocimiento de la materia, por parte del personal de la Institución, de los profesionales preocupados por la problemática social, y del público en general que es, en definitiva, el destinatario de todo esfuerzo institucional.

Revista Médica del Hospital Nacional de Niños Dr. Carlos Sáenz Herrera. Es la publicación oficial del Hospital Nacional de Niños de Costa Rica y su misión es publicar trabajos inéditos en el área de pediatría.

Revista Costarricense de Ciencias Médicas. Publicación de la Editorial Nacional de Salud y Seguridad Social.
Revista Costarricense de Salud Pública. Órgano de la Asociación Costarricense de Salud Pública.
Revista Latinoamericana de Derecho Médico y Medicina Legal. Publicación de la Asociación de Derecho Médico de Costa Rica. Circula en julio y diciembre de cada año.
Revista Costarricense de Trabajo Social. Órgano del Colegio de Trabajadores Sociales de Costa Rica. Publica artículos originales sobre investigaciones, ensayos, sistematizaciones de experiencias profesionales, metodológicas y buenas prácticas, así como análisis de políticas, entrevistas a colegas nacionales y extranjeros, análisis históricos, reseñas críticas de libros y tesis, informaciones sobre congresos seminarios y actividades académicas y gremiales, y debates sobre temas de interés profesional.
SSN: 1409-1763
Revista Alimentaria. Órgano de la Cámara Costarricense de la Industria Alimentaria. El primer número apareció en 1968.
Es un medio nacional único especializado para el sector de alimentos y bebidas, que satisface la necesidad de información en temas que permitan al industrial formarse y/o actualizarse sobre las últimas tendencias en producción, calidad,

mercadeo, recurso humano, legislación, ingeniería, gerencia, sus procesos y cadena de valor

Actualmente la revista tiene un tiraje de 1500 unidades, que son leídas por más de 2.500 empresarios y ejecutivos del sector.

Revista IIA Today. Es una publicación en inglés que proporciona información pertinente y oportuna sobre las noticias de auditoría interna y lo que está pasando en el IIA en las áreas de orientación, investigación, capacitación y certificación. Circula por suscripción.

Revista IA Internal Auditor. Disponible sólo para suscriptores.

Revista Digital El Contador Al Día. Órgano del Colegio de Contadores Privados de Costa Rica.

Revista Conexiones. Es una publicación cuatrimestral del Ministerio de Educación Pública que tiene como objetivo propiciar un espacio en donde se reúnan las ideas,

pensamientos y sentires que enriquezcan y fortalezcan a toda la comunidad educativa. Electrónica

Hoja Filosófica. Revista de Filosofía de la Universidad de Costa Rica. Apareció en 1975. En papel y en línea.

Es un instrumento puesto al servicio de docentes y discentes, dentro y fuera del país para inquirir la realidad desde la docencia filosófica.

Revista Forestal Mesoamericana Kurú. Pertenece a la Escuela de Ingeniería Forestal del Instituto Tecnológico de Costa Rica. Es un mecanismo de difusión, de intercambio y transferencia de información en línea en el área de los recursos naturales, con énfasis en el sector forestal y actualmente publica artículos técnico-científicos. Electrónica. Se publica desde 2005, dos veces al año, con ediciones especiales en cualquier momento.

Recursos Naturales y Ambiente. Comenzó a circular en 2004. Se llamó originalmente Revista Forestal Centroamericana. Trimestral. Impresa en papel y se publica también en línea. Da a conocer material sobre recursos naturales no renovables y silvicultura.

La edita el Centro Agronómico Tropical de Investigación y Enseñanza (CATIE) con sede en Turrialba, Departamento de Cartago.

REDEM. Revista electrónica de Derecho Empresarial que publica ensayos académicos sobre temas jurídicos en diversas áreas relacionadas con el derecho empresarial. De periodicidad semestral.

Revista AIBDA. Revista electrónica semestral. Técnico-profesional. Se publicaba en español y portugués.

Órgano de la Asociación Interamericana de Bibliotecarios, Documentalistas y Especialistas en Información Agrícola

Revista ASOGEHI. Apareció en 1996 y dejó de circular en 1998. Periodicidad anual. Fue editada por la Asociación de Genealogía e Historia de Costa Rica. Revista de investigación científica.

Revista Centroamericana de Administración Pública. Nació en 1981 como un vehículo de difusión del desarrollo de la administración pública y comunicación del Instituto Centroamericano de Administración Pública, ICAP.

De periodicidad semestral. Circula en papel y en línea

Revista Centroamericana de Ciencias Sociales. El primer número apareció en julio de 2004.

Es la resultante de una iniciativa conjunta del Posgrado Centroamericano de Ciencias Sociales de la FLACSO con el apoyo de la Universidad Nacional de Costa Rica y la Universidad de El Salvador, destinada a promover el debate científico sobre temas centroamericanos y a coadyuvar al fortalecimiento de la comunidad científica de las Ciencias Sociales de la región. El aporte de

FLACSO es posible gracias a la contribución de la Agencia Sueca para el Desarrollo Internacional (ASDI).

Publica dos números anuales, uno en julio y otro en diciembre.

Revista Costarricense de Salud Pública. Órgano de la Asociación Costarricense de Salud Pública. Apareció en 1999. Circula impresa y en línea.

REVMAR. Revista Ciencias Marinas y Costeras. Apareció en 2009. Anuario en línea e impreso.

El propósito de la publicación es divulgar trabajos originales relacionados con las ciencias marinas, incluyendo biología, geología y ecología marina, oceanografía, evolución, sistemática y taxonomía de los organismos marinos, contaminación, pesquerías, maricultura, biotecnología marina, conservación y manejo integrado de los recursos marinos y costeros.

Se produce bajo la responsabilidad de la Universidad Nacional, Escuela de Ciencias Biológicas, Maestría en Ciencias Marinas y Costeras.

Revista Costa Rica Empresarial e Institucional. Es una publicación periodística y publicitaria al servicio de empresas e instituciones costarricenses que busca resaltar su cultura, las tradiciones, el trabajo y las acciones positivas que el país como un todo, logra en beneficio de la colectividad.

Es comercializada y distribuida por el Grupo América Gruam, S.A.

Revista Científica Odontológica. Es una publicación semestral, impresa y en línea, producida por el Colegio de Cirujanos Dentistas de Costa Rica, órgano de difusión con respaldo científico, y sus páginas están abiertas para los odontólogos inscritos en él y para los estudiantes de odontología, tanto nacionales como internacionales, así como para todas las personas que tengan interés en las actividades encaminadas a promover, preservar o restaurar la salud oral.

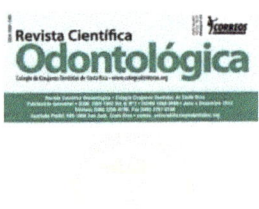

Su objetivo es contribuir al desarrollo intelectual y práctico de todos los estudiantes y odontólogos costarricenses, por medio de información periódica semestral, publica temas de desarrollo científico y tecnológico en el área de odontología y en el área social.

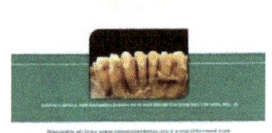

Apareció en 2005.

Revista CORBANA. Comenzó a circular en 1995. Periodicidad anual. Fue publicada por la Corporación Bananera Nacional (CORBANA). Revista de investigación científica agronómica.

Revista Costarricense de Cardiología. Es la publicación oficial de la Asociación Costarricense de Cardiología.

Edita trabajos originales sobre todos los aspectos relacionados con enfermedades cardiovasculares.

De periodicidad cuatrimestral.

Apareció en1999.

Se edita en papel y en línea.

Revista Costarricense de Ciencias Médicas. Se desconoce la fecha de aparición del primer número. En línea.

Publicada por la Editorial Nacional de Salud y Seguridad Social, Centro de Desarrollo Estratégico e Información en Salud y Seguridad Social, Caja Costarricense de Seguro Social.

Revista Costarricense de Política Exterior. El primer número apareció en mayo de 2001. Órgano del Ministerio de Relaciones Exteriores y Culto.

Su principal objetivo es estimular el debate amplio y periódico, sobre el acontecer mundial y promover el conocimiento de la política exterior y las relaciones internacionales, así como procurar el fortalecimiento y la difusión de los principios de paz, juridicidad, democracia, derechos humanos, desarme, desarrollo y medio ambiente que son los ejes articuladores de la política exterior de Costa Rica.

Periodicidad bimestral. Impresa y en línea.

Revista Espiga. Publicación electrónica y en papel de la Escuela de Ciencias Sociales y Humanidades (ECSH) de la Universidad Estadal a Distancia para la divulgación y difusión de la producción intelectual de los quehaceres que se realizan en el ámbito académico.

Su publicación fue aprobada por el Consejo de Rectoría (CONRE), en sesión Nº 1097-99, Artículo IV, celebrada el 5 de julio de 1999.

Cada año se publican dos números.

El primer número apareció en 2000.

Revista Estudios. Pretende aportar su granito de arena a la tarea permanente de modernización, acción social y docencia e investigación que tiene como meta la Escuela de Humanidades de la Universidad de Costa.

Se produce en línea y en papel.

Revista Fármacos. Apareció en 1987 bajo la responsabilidad de la Caja Costarricense del Seguro Social, Departamento de Farmacoterapia.

Periodicidad semestral.

Farmacia y Farmacología.

Ya no circula.

Revista IDental. Apareció en 2008. Publicación semestral electrónica de la

Universidad Latinoamericana de Ciencia y Tecnología (ULACIT), Facultad de Odontología.

Revista Internacional de Fútbol y Ciencia. Anuario de la Escuela de Educación Física y Deportes, Universidad de Costa Rica.

Apareció en 2002 y salió de circulación en 2005.

Revista Judicial. Apareció en 1976. Trimestral. Editada por la Corte Suprema de Justicia. Publica trabajos sobre derecho y jurisprudencia. Revista técnico-profesional.

Revista Musaraña. Apareció en 2008. Anuario. Circula en papel y en línea.

Cultura, Arte, Diseño y Literatura.

Revista Nacional de Cultura. Apareció en 1988. Órgano de la Universidad Estatal a Distancia. Periodicidad cuatrimestral.

Revista Nuevo Humanismo. Apareció en 2013. Periodicidad semestral.

Publicación en línea de la Universidad Nacional, Centro de Estudios Generales, Heredia.

Privilegia los temas humanísticos.

Revista Panorama Académico. Apareció en 2005. Publicación electrónica de divulgación científica y cultural de la Universidad San José.

Periodicidad mensual. Ya no circula.

Revista Parlamentaria. Órgano de la Asamblea Legislativa.

Revista Redpensar. Publicación semestral de la Universidad De La Salle, Departamento de Investigaciones.

Espacio para las ciencias sociales y humanidades.

Revista Reflexiones. Es una publicación multidisciplinaria, con periodicidad semestral de la Facultad de Ciencias Sociales de la Universidad de Costa Rica que convoca a la reflexión académica acerca de la realidad social mundial y, en particular, la de América Latina. Circula en papel y en línea.

Revista Terapéutica. Ciencia, tecnología, arte, terapéutica y rehabilitación. Apareció en 2009. Se publica en línea y en papel. Producida por la Universidad Santa Paula. Periodicidad semestral.

Revista Tertulia. Cultura en fiesta. El primer número apareció en abril de 2012.

Publica lo más novedoso en la literatura mediante reseñas, artículos, recomendaciones e investigaciones.

Es un espacio para mostrar sus ideas y pasar de la apatía cultural, como estamos acostumbrados, a la actividad de esta.

Reviteca. Revista de Tecnología y Ciencias Alimentarias producida por la Universidad de Costa Rica, Centro Nacional de Ciencia y Tecnología de Alimentos (CITA).

Apareció en 1992 y dejó de circular en 2004.

En línea y papel.

Rhombus. Revista electrónica de divulgación científica y cultural. Comenzó a circular en 2004. Cuatrimestral. Publicada por la Universidad Latinoamericana de Ciencia y Tecnología (ULACIT).

Revista Rupturas. Es una publicación digital semestral del Centro de Investigación en Cultura y Desarrollo (CICDE) de la Vicerrectoría de Investigación de la Universidad Estatal a Distancia (UNED) de Costa Rica.

Enfoca su interés prioritariamente en el estudio e investigación sobre los procesos de cambio sociocultural, económico y político en nuestras sociedades actuales, y procura la formulación de propuestas que aporten respuestas avanzadas y democráticas frente a los desafíos que tales transformaciones plantean.

Revista de Ciencias Ambientales. Publicación internacional interdisciplinaria creada en 1980 y publicada de manera semestral desde la Escuela de Ciencias Ambientales de la Universidad Nacional de Costa Rica. Su objetivo es estimular y difundir investigación novedosa, pertinente y rigorosa en el campo ambiental.

A partir del 2015 su publicación pasó a ser electrónica de acceso libre.

Revista Educación. Adscrita a la Facultad de Educación de la Universidad de Costa Rica, tiene el objetivo de difundir la investigación y promover la reflexión académica referidas al campo educativo.

Asimismo, da cobertura a una amplia variedad temática: acceso a la educación, el derecho a la calidad, mejores aprendizajes, condiciones de la labor docente, reflexiones epistemológicas, métodos de aprendizaje, educación básica, educación formal, educación informal, género, entre otras.

La periodicidad es semestral. El primer número comprende de enero a junio y el segundo, de julio hasta diciembre.

Revista VOS. Es una publicación líder en su género que ofrece información integral de primera fuente sobre salud y bienestar.

Nació como un proyecto innovador y orientado a las personas en el desarrollo de actividades, que van en procura de mejorar su condición de vida.

Se desconocen más datos de identificación.

Revista de Heredia. Editada por Agustín Navarrete y administrada por Nicolás Cartín.

El primer número se publicó el 1 de mayo de 1900.

Revista de la Prensa.
Órgano oficial de la Asociación de Prensa de Costa Rica. El primer número se publicó en octubre de 1945. Incluía información de interés para sus asociados.

Revista de Casta. El 25 de noviembre de 1998 se publicó, en edición muy limitada, el primer volumen de esta publicación que surgió durante el curso "Sistemas Agropecuarios Sostenibles" del tercer año de la carrera de agronomía de EARTH.

Salud Ocupacional Hoy. Revista de la prevención y la seguridad en el trabajo. El primer número apareció en octubre-diciembre de 2009.

Es un proyecto privado, iniciativa de HA Comunicación, Publicidad & Mercadeo.

Senderos. Es una revista de Ciencias Religiosas y Pastorales de la Universidad Teológica de América Central Monseñor Óscar Arnulfo Romero, San José, Costa Rica.

Es de periodicidad semestral. Durante más de 30 años circuló como impreso para más tarde adoptar el soporte electrónico sigue iluminando el quehacer filosófico-teológico de sus lectores y renueva.

Se desconocen más datos de identificación.

Servicio Informativo del Registro Científico y Tecnológico. Fue una revista multidisciplinaria mensual del Consejo Nacional para Investigaciones Científicas y Tecnológicas (CONICIT).

Apareció en fecha no precisada de 2000 con soporte en línea y papel. Dejó de circular.

Siwó. Revista impresa y en línea de Teología. Es una publicación de la Escuela Ecuménica de Ciencias de la Religión de la Universidad Nacional con el auspicio del sello Editorial SEBILA, de la Universidad Bíblica Latinoamericana, cuya finalidad es promover el desarrollo de la investigación teológica ecuménica realizada en Costa Rica y otras zonas de América Latina por medio del diálogo con diversas disciplinas y campos sociopolíticos en el continente.

Tattenbachiana. Apareció en 1999. En papel. Órgano del Instituto Costarricense de Enseñanza Radiofónica. Revista de divulgación científica y cultural.

Anuario gratis. Edita 3 mil ejemplares.

Temas de Nuestra América. Revista de Estudios Latinoamericanos. Es una publicación académica semestral del Instituto de Estudios Latinoamericanos de la Universidad Nacional que analiza temas de coyuntura latinoamericana.

Su periodicidad es semestral y cuenta con el sello editorial de la EUNA. Al analizar temas de coyuntura los artículos que se publican son variados en sus temáticas, aunque se asumen desde una perspectiva latinoamericanista.

Turrialba. Revista Interamericana de Ciencias Agrícolas, publicada por el instituto homónimo.

Redactada en español, portugués, inglés y francés. Turrialba.

El volumen 2, número 1 es de enero-marzo de 1952.

Zeledonia. Revista impresa y en línea de la Asociación Ornitológica de Costa Rica. Boletín trimestral. El primer número apareció en julio de 1997. Su nombre deriva del zoólogo José Cástulo Celedón.

Fuentes:
Wikipedia, la enciclopedia libre.
http://www.gruponacion.co.cr/?q=historia.

Juan Rafael Quesada. Historia del Periodismo en Costa Rica.

VII. REVISTAS ACADÉMICAS DE LA UNIVERSIDAD DE COSTA RICA

La Universidad de Costa Rica (también llamada por sus siglas, UCR) es una de las cinco universidades públicas de la República de Costa Rica y una de las más prestigiosas y reconocidas de América Latina.

En 2001, la Asamblea Legislativa de la República de Costa Rica mediante decreto N°8098 declaró a la Universidad de Costa Rica como Institución Benemérita de la Educación y la Cultura de Costa Rica.

En las diversas facultades y escuelas de la Universidad de Costa Rica se publican numerosas revistas tanto en formato digital como en papel. Del portal revistas.ucr.ac.cr/ he extraído los títulos que siguen:

Revista Educación. Está adscrita a la Facultad de Educación y tiene el objetivo de difundir la investigación y promover la reflexión académica referidas al campo educativo, dar cobertura a una amplia variedad temática: acceso a la educación, el derecho a la calidad, mejores aprendizajes, condiciones de la labor docente, reflexiones epistemológicas,

métodos de aprendizaje, educación básica, educación formal, educación informal, género, entre otras.

Está orientada tanto nacional como internacionalmente, a una comunidad científica, profesional y a cualquier población o individuo que se interese en su temática. Recibe colaboraciones nacionales e internacionales.

La periodicidad es semestral. El primer número comprende de enero a junio; el segundo, de julio hasta diciembre.

Actualidades en Psicología. La revista es patrocinada por el Instituto de Investigaciones  Psicológicas de esta misma casa de estudios. Su objetivo es difundir la producción científica en todos los campos de la ciencia psicológica y ciencias afines. Esto se lleva a cabo mediante la publicación de artículos originales e inéditos que dan a conocer resultados de investigaciones empíricas, contribuciones teóricas y metodológicas. La revista va dirigida principalmente a estudiantes y profesionales del área de la psicología y ciencias afines. La revista publica en español, inglés y portugués. A partir del año 2013 la revista se publica semestralmente.

Actualidades Investigativas en Educación. Es una revista electrónica de periodicidad cuatrimestral y carácter académico, producida por el Instituto de Investigación en Educación (INIE), la cual se coloca a disposición de los docentes de esta universidad, así como la comunidad nacional e internacional interesados en el área educativa.

Agronomía Costarricense. Es una revista semestral de Ciencias Agrícolas de la Universidad de Costa Rica, el Colegio de Ingenieros Agrónomos, y el Ministerio de Agricultura y Ganadería cuyo objetivo fundamental es difundir la investigación agrícola realizada en Costa Rica o de interés en este país.

Agronomía Mesoamericana. La revista es una publicación semestral que dio inicio durante la XXXV Reunión del Programa Cooperativo Centroamericano para el Mejoramiento de Cultivos y Animales (PCCMCA) efectuada en Honduras en 1989. Su objetivo principal es difundir los resultados de investigación que se exponen durante cada reunión anual. El primer volumen se publicó y distribuyó en 1990, durante la XXXVI Reunión del PCCMCA en El Salvador.

REVENF. Es una publicación científica, pionera en el ámbito nacional en la divulgación del conocimiento de Enfermería de manera virtual. Fundada en el año 2000 en la Escuela de Enfermería de la Universidad de Costa Rica, como apoyo a la docencia y a profesionales en el campo de la salud que desean compartir el fruto de sus investigaciones y trabajos académicos con las personas interesadas en temas de salud, educación para la salud y la práctica innovadora de Enfermería en el ámbito nacional e internacional. Se cuenta con un comité editorial para garantizar la calidad de la publicación y cumplimiento de criterios de publicación científica nacional e internacional.

Lankesteriana. Revista Científica del Jardín Botánico dedicada desde 2001 a la publicación de artículos sobre botánica, con especial atención a las plantas epífitas y orquídeas, ecología, evolución y fisiología, junto con reseñas y conferencias sobre estos temas. Desde 2007 la revista se enfoca exclusivamente en ensayos sobre orquideología. Lankesteriana es revisada por pares y publica trabajos originales en español e inglés; y es distribuida a más de 350 instituciones alrededor del mundo.

Cordelia. Publicación dedicada a la cultura femenina. Mensual. San José. 1, 1912-? Director José Fabio Garnier (4) (BBC).

Publicará en sus páginas literatura sana de cerebros femeninos bien conocidos en el extranjero y en el país. - Cada número vale 10 céntimos. La suscripción anual vale ¢1,00, pago anticipado. - Hacer los pedidos al director, José-Fabio Garnier, apartado 42, Heredia (C.R.)".

Cuartillas (siglo XIX). San José. 1, 1894. Director: Agustín Luján. Redactores: Gregorio Marín, Alejandro Alvarado, Agustín Luján (BBCBCMA).

Cultura. San José. 1, 1910. Editor: Omar Dengo.

Actualidades. Bisemanario de la vida nacional. San José. N.1 (4 diciembre 1916). Director: Francisco Soler.

Anales del Ateneo de Costa Rica San José. I,1, 1912-1916. Continúa como Athenea, 1, 1917/1920. Consta de 5 volúmenes, indizados por Leavitt. Se suceden como directores: Elías Leiva, Luis Castro Saborío, Rómulo Tovar, Luis Cruz M., Omar Dengo, José Fabio Garnier, Camilo Cruz Santos (BAL-BMN).

Apuntes. San José. 1, 15 mayo 1931-1944? Director Elías Jiménez Rojas. Englekirk da como fechas 1933-1935.

Ariel. Quincenario antológico de letras, artes, ciencias y misceláneas. San José. Serie I, 1, 1 setiembre 1937-1944. Director: Froylán Turcios. Carter apunta 1938-1943.

Arte y Vida. San José. 1, 1909-1910? Fundada y dirigida por Daniel Ureña. Englekirk dan como fecha 1901 (BN).

Athenea. San José. 1, 1917-1920. Quincenal. Directores: Justo Facio y Rogelio Sotela (BN).

Colección Ariel. Epítomes de literatura internacional, antigua y moderna. San José. 1, 1906-1916. Director García Monge (3).

Colección Eos. San José. 1, febrero 1916-1917. Director Elías Jiménez Rojas.

Costa Rica. Semanario de la vida nacional. San José. 1, 1919.

Costa Rica al Día. San José. 1, 1934 (BN).

Costa Rica Ilustrada. Revista semanal de ciencias y letras, artes y literatura. San José. 1, 1887-1889. Redactores: se suceden Leonidas Pacheco y Marcelino Pacheco, Pío Víquez y Aquileo Echeverría. Director: Pío Víquez.

Costa Rica Ilustrada. San José. Revista de ciencias, artes y literatura. Decenal. Segunda época, 10 de julio 1890- al 10 de febrero 1892. Redactores: Carlos Gagini, Joaquín Pablo Vélez, Ramón M. Quesada, Vidal Quirós. Directores: Próspero Calderón (1890) y Carlos Gagini (1891). Continuación de la anterior (BBC).

Cultura. San José. 1, 1910. Editor: Omar Dengo. 3 "Con este título publicó el señor García Monge una revista de selecciones literarias. A veces dedicaba el número entero a un solo autor",

Cultura. Revista quincenal dedicada a las artes, a las ciencias y a las industrias. San José. I, 1, febrero 3 de 1929- II, 37, diciembre de 1930. Director Efraín Arguedas Cabezas y Ricardo Rojas Vincenzi.

Ecos. San José. 1, 1928.

El Ensayo. Periódico literario y de variedades. Cartago. I, 1 1 de abril de 1895. Administrador: José Zavaleta.

Ensayos Literarios. Revista quincenal. Órgano de la juventud. San José 1,6, 1 diciembre 1896. Administrador: Claudio González Rucavado. EOS. Apuntes y recortes. Quincenal. San José. San José. 1916- 1919. Continuación de la Colección EOS. Director Elías Jiménez Rojas. Editores: Falcó y Borrasé. **Esbozos**. Quincenal literario. San José. I, 28 agosto 1898. Director Guillermo Castro Saborío y Luis Castro Saborío.

El Espectador. La revista de la vida nacional. San José. 1, 1929.

El Fígaro. Revista semanal ilustrada. San José. 1, 1907- 1915. Director Manuel Arguello de Vars.

Germinal. Ars, veritas et labor. Decenal. San José. 1, 18 de setiembre 1910. Director Camilo Cruz Santos.

La Guía Ilustrada. Revista de comercio, literatura y variedades. San José. I,1, 5 octubre 1913. Director Jorge Lobo R.

Horas de Solaz. Semana literaria del costarricense. Se publicaba en julio de 1871 y en setiembre de 1873.

Lecturas. Ciencias, artes, literatura y variedades. Semanario ilustrado. I, 1, 30 setiembre 1918- ll, 40, 20 de junio de 1919. Director Leonardo Montalván.

Letras. Revista de arte y juventud. San José, 1, 1906. Director: Oscar Padilla (BN).

Magazin costarricense. San José. I,2, junio 1910. Director León Fernández y Amando Céspedes (BBC).

Minerva. Revista Hispanoamericana. Periódico quincenal ilustrado. Artes, comercio, ciencias, literatura, actualidades. San José. 1, 15 febrero 1914. A partir del número cuatro se vuelve mensual. Director Mario Ribas y Ernesto J. Alvear. Nosotros.

Revista de Ciencias y Letras. 1, 1917. Heredia. Director Álvarez Berrocal. Nosotros. San José. 1, 1931?

Notas y Letras. Quincenal ilustrada. San José. 1, 1893-1895. 16 números. Director Manuel Martí (BN).

Nous. Revista mensual. Científico-literaria. San José. I,1, 1 noviembre 1916. Director Alfredo Saborío y J. Rafael Arguedas.

Nueva Cultura. Revista mensual de literatura. San José. 1, 1919. Director Raúl Villalón (BN).

La Nueva Literatura. Órgano de la Librería Moderna. San José. 1, 1895- 3, 1898.

Nuevos Horizontes. Sociología, pedagogía, estética (...). Alberto Masferrer y Samuel Dawsob.

La Musa Americana. 1, 1903. Director Rafael Angel Troyo y Pastor Ríos.

La Obra. Revista de filosofía y letras. Artes, ciencias, educación. Mensual. San José. 1, 15 de febrero, 1918. Director García Monge.

Ocio. Director Rafael Ángel Troyo.

Ocios. Revista de letras. 1, 1918. Director Carlos Salazar Gagini, Julián Marchena y Asdrúbal Villalobos.

Ortos. Revista de ciencias, artes y literatura. Quincenal. Cartago, año I, n.1 (1 junio 1919). Director Fernando Volio. Redactor: Rubén Hernández.

Páginas Ilustradas. Revista semanal de ciencias, bellas artes y literatura. San José. I, 1, 1 enero 1904- IX, 322, 18 febrero 1912. Fundada y director Próspero Calderón.

Pandemonium. Revista mensual. Intereses generales, política, ciencias, literatura, artes, ciencias, anuncios, etc. San José. I-1, 1 Fernández Guardia.

Pinceladas. Revista mensual de literatura y artes. San José. 1, 1898- vol.2 1899, vol.3 1901, vol. 4. Redactores: Máximo Soto Hall, Rafael Ángel Troyo, Ricardo Fernández Guardia.

Raza. San José. 1, 1931-1941?

Renovación. Publicación quincenal. Sociología, arte, ciencia, pedagogía racionalista. San José. 1, 1911-1919. Fundada por José María Zeledón, quien la dirigió junto con Anselmo

Lorenzo y Ricardo Falcó (1918). En 1914 fue dirigida por Carmen Lyra.

Repertorio Americano. San José I, 1, set.1919-mar.1958. Director: García Monge.

Repertorio de Costa Rica. Director Anastasio Alfaro y Alberto Masferrer.

Reproducción. Revista de variedades. Quincenal. San José. 1, 1919-1930. Director Elías Jiménez Rojas.

Revista de Costa Rica. Literatura y ciencia. San José. Año I, n. 1, serie I (noviembre 1891): año I, n. 1 serie II (mayo 1892). Año I, serie II, n.3 (julio 1892). Director Justo A. Facio.

Revista de Costa Rica en el Siglo XIX. San José. 1902. Se publicó sólo un tomo.

La Revista Nueva. ¿Época I, 1 septiembre 1896- 1897? Director Alberto Masferrer y Ricardo Fernández Guardia.

Revista Nueva. San José, 1, 1903. Fundada por Froylán Turcios, continúa la hondureña del mismo nombre.

Revista Teatral. Crónicas y argumentos. San José. Primera época, 20 octubre 1885. Se publicó todas las noches de estreno. Director El Cautivo (¿Vicente Lines?) (BMN).

Selenia. Surcos de arte libre. Heredia. 1, 15 julio 1910. Directores: Gonzalo Sánchez Bonilla y Luis Dobles Segreda.

La Selva. Revista de arte libre. Quincenal. 1, 1 julio 1906. Directores: Rafael Ángel Troyo y José María Zeledón.

La Siembra. El número 1 apareció en fecha no precisada de 1905.

Sparti. Revista mensual del Centro Intelectual Editor. San José. n. 1, 15 de agosto 1921, n. 9, diciembre 1923. Director: Marco A. Zumbado. Universo. Revista de filosofía y letras, artes, ciencias, educación. Heredia. 1, 1917. Sustituida por Obra en 1918 (BCMA).

Ventana Lechera. El primer número apareció en fecha no determinada de 2006. Periodicidad trimestral. Revista de divulgación científica y cultural. Coyol, Alajuela.

Publicada por la Editorial Comité de Educación y Bienestar Social de la Cooperativa de Productores de Leche Dos Pinos R.L.

VIII. REVISTAS LITERARIAS, CULTURALES E ILUSTRADAS

Ha sido Costa Rica escenario de circulación de numerosas revistas de índole literaria, cultural y general, como puede apreciarse a continuación: Revista Teatral (1885); Costa Rica Ilustrada (1887-1889); Boccaccio (1887); El Rocío (1888); Costa Rica Ilustrada. Segunda época (1890-1892); Notas y Letras (1892-1895); Revista de Costa Rica (Serie I (¿noviembre 1891? 1892-. Serie II); Cuartillas (Siglo XIX) (1894); La Nueva Literatura (1895-1898); Ensayos Literarios (1896); La Revista Nueva (1896.1897?); Repertorio de Costa Rica (1896.1897?); Esbozos y Blanco y Negro (1898); Pinceladas (1901); Revista de Costa Rica (1902); Pandemónium (1902.1905); La Musa Americana (1903); Revista Nueva (1903); Páginas Ilustradas (1904. 1912); Vida y Verdad (1904); La Siembra (1905); Colección Ariel (1906.1916); Letras (1906); La Selva (1907); Fígaro (1907-1915); Rincón de los Niños (1908); La Educación Costarricense (1909); Arte y Vida (1909-1910); Cultura (1910-1919); Germinal, Selenia y Magazine Costarricense (Magazine Nacional) (1910); Renovación (1911-1919); San Selerín, primera época, (1912-1913); Anales del Ateneo de Costa Rica (1912-1916); Ariel y Cordelia (1912); La Guía Ilustrada (1912-1913); Pandemónium, segunda época (1913-1915);

ABC, Minerva y Mis Apuntes (1914); Fígaro (1915); Athenea (1917-1920); Nosotros (1917); Universo (1917.1918); Lecturas (1918.1919.); La Obra y Ocios (1918); Costa Rica, Nueva Cultura y Ortos (1919); Repertorio Americano (1919-1958); Reproducción (1919-1930); El Maestro (1920-1929); Sparti (1921-1922); El Convivio de los Niños (1921-1923); Unión (1920-1921); San Selerín, segunda época (1923-1924); Repertorio Americano, suplementos (1925-1930); El Maestro (1926); Mundo Escolar (1927-1928); Ecos (1928); Costa Rica (10 de noviembre) y El Espectador (1929); Cultura (1929-1930); Apuntes (1930-1939 1931-1944?); Nosotros (1931?); Alma Tica (1933-?); Educación (1933); Raza (1931-1941?); La Escuela Costarricense y Mari-Castaña (1932-1934); Apuntes (1933-1935); Costa Rica al Día (1934); Triquitraque (1936-1947); Angelina (1936, 1939); Ariel (1937-1944); Farolito (1940-1949); El Maestro (1950-1959 1953); Brecha (1956-1962); Pórtico (1960-1969 1963-1965); Repertorio (Repertorio Centroamericano) (1964-1972); Artes y Letras (1966-1970); Hipocampo (1969-1974); Revista de Costa Rica (1970-1979. 1971); Letras Nuevas (1971-1976); Papel Impreso (1974-1977/ 1984-1987); Tertulia (1975-1973/ 1981/1987); Contrapunto (1978-1990); Troquel Letras Centroamericanas (1976-1978); Arte y Literatura (1980- 1989. 1979-1981); Andrómeda, Arte y Literatura (1980-1990);

Revenar (1980-1990); Kasandra (1990-2003. 1998-2000); Ateneo (1985-1986); Graphitti (1993-1998) y Matérika Página en Blanco (2000-2002).

Umbral. Revista del Colegio de Licenciados y Profesores en Letras, Filosofía, Ciencias y Artes. Umbral. Revista semestral de carácter humanista que apoya la labor educativa de los colegiados/as.

Su objetivo es "promover e impulsar el estudio de las letras, la filosofía, las ciencias y las artes, lo mismo que la enseñanza de todas ellas".

Se desconocen otros datos de identificación.

Uniciencia. Es una publicación científica semestral indexada de la Facultad de Ciencias Exactas y Naturales de la Universidad Nacional en Costa Rica (Editorial EUNA), cuyo objetivo principal es compartir resultados de investigaciones, y ofrecer insumos de alta calidad a la comunidad nacional e internacional que permitan el desarrollo científico y cultural de nuestra sociedad, sin fin de lucro.

Circula en línea y en papel.

IX. PUBLICACIONES ELECTRÓNICAS

Abundan en Costa Rica los periódicos y revistas digitales, tanto de edición independiente como de los grandes diarios, que además del soporte en papel que ofrecen a sus lectores a lo largo y ancho del país, publican mediante suscripción debidamente pagada o de uso libre, una edición alterna electrónica que constantemente actualizan.

Otros medios impresos, ante los altos costos de producción, para garantizar su circulación han optado por mantenerse en circulación mediante el soporte digital.

Ejemplo de algunas de estas publicaciones son las que siguen:

BSNoticias.cr, periódico digital con información nacional e internacional; **LaBaseCR**, revista digital de música, cultura alternativa con canales propios de video y portafolio; **89decibeles**, revista digital de arte, cultura, música y entretenimiento; **Amauta**, medio radical y alternativo de opinión nacional e internacional; **AmeliaRueda.com**, sitio de opinión de la periodista Amelia Rueda; **Crhoy.com**, periódico digital con noticias las 24 horas; **DeleFOCO**, de la comunidad audiovisual centroamericana; **El Pregón**, **ElPeriodicocr.com**, periódico en Internet con noticias nacionales e internacionales, de línea independiente; **EverardoHerrera.com**, especializado en fútbol; **HablandoClaroCR.com**, espacio de análisis, opinión de los periodistas Vilma Ibarra y Boris Ramírez; **Informa-Tico**, prensa semanal de colaboración ciudadana; **Inside Costa Rica**, en inglés; **Nortenlinea.com**, de información general de la zona norte del país; **Revista Paquidermo**, de opinión, arte, cultura; **SensacionDeportiva.com**, especializado en fútbol, conducido por Leonel Jiménez; **Tribu Global**; **turrialbadigital.com**; **AM Costa Rica**, noticias diarias en inglés; **Turrialba360, El Azucarero, Turrialba Digital**; **Elazucarero.com**; **El País**, diario independiente en su línea editorial, que brinda una versión alternativa de la realidad que vive el país y el mundo y **Primera Plana**, publicación del Colegio de Periodistas de Costa Rica.

La mayoría de los diarios en circulación dispone de un portal digital.

Pharmaceutical Care-La Farmacoterapia. Revista electrónica gratuita, dirigida a farmacéuticos, estudiantes de farmacia y profesionales que se desempeñan en el ámbito de la salud; revisada por pares nacionales e internacionales, enfocada hacia la práctica farmacéutica; que publica

Revista electrónica semestral
ISSN-1659-0201

artículos referentes en las áreas de la promoción de la salud, la educación sanitaria, la educación continua, la farmacoterapia, la farmacología, la farmacoeconomía, la administración y gestión de servicios de salud, entre otros

Es una revista electrónica de carácter académico, publicada semestralmente por el Centro Centroamericano de Población (CCP) de la Universidad de Costa Rica. El objetivo primordial de esta publicación es la difusión de los resultados de investigaciones en población, desde la perspectiva demográfica, y salud pública.

Revista Pensamiento Actual. Publicación electrónica semestral de la Coordinación de Investigación de la Sede de Occidente de la Universidad de Costa Rica. Su objetivo general consiste en divulgar la producción científica que se realiza en la Sede de Occidente y en la comunidad académica nacional e internacional, por medio de artículos científicos, ensayos, producción artística, entre otros, con carácter original, novedoso y de acceso libre.

Fuente: Mediático.Com

Calidad en la Educación Superior. Es una publicación electrónica dirigida por el Programa de

Autoevaluación Académica (PAA), adscrito a la Vicerrectoría Académica de la Universidad Estatal a Distancia de Costa Rica editada dos veces al año, en el mes de mayo y noviembre a partir del 2010.

Su objetivo es difundir experiencias tendentes a propiciar la calidad en la educación superior, experiencias en autoevaluación, acreditación de la calidad, educación superior a distancia, educación virtual, aseguramiento de la calidad y gestión de la calidad, realizadas en el ámbito nacional e internacional, así como promover la discusión y el aporte a la sociedad de hoy. La publicación está dirigida a profesionales interesados en el mejoramiento de la calidad de la educación superior.

Vida Silvestre Neotropical. Revista electrónica de frecuencia semestral que publicó en 1993 la Universidad Nacional, Programa Regional de Manejo de Vida Silvestre para Mesoamérica y el Caribe, Heredia.

Dejó de aparecer en 2005 y daba cabida a textos sobre Biología, Ecología y Recursos Naturales no Renovables.

Wimb Lu. Revista electrónica de los estudiantes de Psicología de la Universidad de Costa Rica.

X. PUBLICACIONES SIN DATOS DE NACIMIENTO

Por tratarse de una investigación hemerográfica virtual no tuve acceso a la publicación en físico de muchas publicaciones para recopilar información referente a la fecha de publicación, periodicidad, etc., por lo cual decidí colocar en capítulo aparte los periódicos y revistas en tales circunstancias.

The Central America Express. Periódico limonense editado por Edwin Horde Morris. Incluía noticias nacionales e internacionales. Se publicaba únicamente en inglés. Se desconocen datos de fundación.

Triqui-Traque. Periódico satírico, burlesco y hasta pillín. Editado por Antonio G. Ibáñez. No registra fecha de publicación.

The Searchlight (La Linterna). Periódico de la provincia de Limón pero que también incluía información de interés para zonas de la provincia de Cartago. Editado por S.C. Nation en idioma inglés.

El Grillo. Periódico humorístico aparecido en fecha no precisada de inicios del siglo XX.

Tuvo como administrador a su propietario Antonio Font bajo la dirección artística de Juan Cumplido.

Incluía también colaboraciones literarias.

El Ramonense. De este periódico solo se sabe que fue dirigido por su propietario Marco T. Acosta e incluía información variada y de interés para el cantón de San Ramón.

El Loco. Semanario independiente satírico político.

La fuente manejada precisa: "No incluye fecha de publicación y registra un nombre no real para su editor".

El Pabellón Liberal. Fue un periódico que se anunciaba como "semidiario de la mañana". Tuvo como editor a Federico G. Salazar e incluía noticias y artículos cortos.

No hay más datos disponibles.

El Orden Social. De este periódico sólo pude saber que se publicó en Heredia y se anunciaba como "semanario católico de intereses sociales, pero no políticos". Que fue dirigido por Rosendo de J. Valenciano y editado por Luis Cartín G.

El Pabellón Cubano. Fue órgano del Club Obrero Cubano, se publicaba los sábados y lo redactaba Emilio Artavia.

Incluía información política y noticias.

Se desconocen más datos.

El Mensajero del Comercio. Era un diario de anuncios de circulación gratuita. Dirigido por Eduardo E. Fournier. Apareció en fecha no determinada.

Escena. Revista de las artes de periodicidad semestral publicada por el

Instituto de Investigaciones en Arte (IIArte) de la Facultad de Bellas Artes de la Universidad de Costa Rica, cuyo propósito fundamental es publicar y divulgar resultados de investigaciones académicas del ámbito de las artes en general, así como documentos inéditos relacionados, con la finalidad de generar y promover el conocimiento en esta área específica.

También incluye testimonios personales de creadores artísticos, producciones artísticas tales como obras de arte visual, partituras, dramaturgia, etc. y fuentes inéditas, para hacerlas disponibles de ese modo a los diversos investigadores en el campo de las artes.

Aparece impresa y en línea.

El Heraldo del Atlántico. Se promocionaba como "semanario independiente, defensor de los intereses políticos, sociales, comerciales y económicos de la provincia de Limón". Dirigido por Carlos Orozco Amador.

Se desconocen más datos de identificación.

El Tiempo. Periódico dirigido por Edgar Cordero, circuló en fecha desconocida. Tuvo como lema "órgano biográfico de intereses generales".

Publicaba noticias nacionales e internacionales, artículos literarios, moda, asuntos sociales, etc.

El Telégrafo de Costa Rica. De este periódico solo se sabe que era de periodicidad quincenal, científica, literaria, noticiosa, de variedades y telegráfica. Igualmente, que "La redacción y edición estaba a cargo de Martín Jiménez y Ramón Rojas".

El Social Demócrata. Fue Órgano oficial del Partido Social Demócrata al servicio de la Segunda República. Lo dirigió Eugenio Rodríguez Vega.

No se tuvo acceso a otros datos del periódico.

Economía y Sociedad. Es una Revista de la Escuela de Economía de la Universidad Nacional de Costa Rica, de publicación semestral (enero-junio y julio-diciembre de cada año).

Lo editó Carlos Orozco Amador y su periodicidad era semanal. Publicaba información sobre política, industria, comercio, literatura, jurisprudencia e intereses generales.

El Estudiante. Periódico quincenal, órgano de La Sociedad Científico-literaria "Los estudiantes" que contaba con una comisión redactora y tenía una sección científica que incluían artículos sobre medicina, química, ciencias naturales, entre otros, y una sección literaria con cuentos, relatos, obras de teatro, etc.

Se desconoce la fecha de su aparición.

El Padre Español. Periódico que se anunciaba como "diario independiente propagandista de la justicia y la verdad", cuyo fundador fue Luis Moncayo. Publicaba, además de información variada, caricaturas.

Se desconocen más datos sobre la publicación.

Gestión. Es la publicación oficial del Centro de Desarrollo Estratégico e Información en Salud y Seguridad Social (CENDEISSS) que pertenece a la Caja Costarricense de Seguro Social.

Es un medio de comunicación, para transmitir el conocimiento respecto de temas sobre ciencias administrativas y financieras de la seguridad social.

Herencia. Revista de la Escuela de Estudios Generales de la Universidad de Costa Rica para la publicación de temas relacionados con el patrimonio tangible e intangible, las identidades culturales, la arqueología, la naturaleza, la historia, la música, la literatura, las artes visuales, las urbes, la arquitectura, el trabajo artesanal, la gastronomía, entre otros saberes culturales.

El Diarito. Se promovió como un periódico independiente, editado por Gerardo Pacheco. Generalista.

Girasol. Revista electrónica e impresa de la Vicerrectoría de Investigación Universidad de Costa Rica.

El Renacimiento. Alejandro Bonilla editó en fecha no determinada, en San José, un bisemanario comercial y político, continuación del homónimo anterior, que apoyó al Partido Republicano.

Hatikva. Órgano quincenal de la Juventud Sionista Unidad dirigido por Abraham Meltzer. Incluía información de interés para la comunidad sionista en Costa Rica.

Se desconoce la fecha de aparición del primer número y los siguientes.

Investigación en Juventudes. Revista electrónica del Consejo de la Persona Joven.

Ístmica. Es una publicación anual dedicada al estudio del humanismo, la cultura, la literatura y el arte en Centroamérica y es, asimismo, un órgano de difusión de la producción académica de la Facultad de Filosofía y Letras de la Universidad Nacional.

Periódico Guanacaste Informativo. Genera información nacional a una perspectiva regionalizada.

Periódico Voces de Mujer. Abarca la actualidad desde una perspectiva de género, con temas sociales, de salud, de política, etc. Su principal interés es convertirse en la voz oficial de las mujeres y grupos de minorías costarricenses.

Informa-tico. Semanario digital. Medio alternativo de noticias.

La Teja. Circula de lunes a domingo y es un diario diferente, fresco, colorido, lleno de ingenio y humor, sin llegar al amarillismo. Busca interesar a la familia popular, dada la variedad de sus temas y promociones. Además, pretende recompensar con muy buenas promociones a sus lectores. Actualmente es el diario con la mayor cobertura del país alcanzando a casi 730 mil lectores.

Letras. Es una revista académica electrónica de periodicidad semestral, de la Escuela de Literatura y Ciencias del Lenguaje de la Universidad Nacional de Costa Rica, dedicada a estudios sobre literatura, lingüística general, lingüística aplicada, enseñanza de segundas lenguas, lenguas indígenas costarricenses, semiótica y traducción.

La Zemana. Periódico humorístico con fecha desconocida de principios del siglo XX.

La Propiedad. Periódico de fecha desconocida del siglo XIX.

Apetito. Revista bimestral del sector de hoteles, restaurantes y negocios afines. Es una producción de Eka Consultores. Edición en línea.

Actualidad Económica. Revista bimestral.

AMCHAM Business Costa Rica. Revista empresarial mensual.

Casa Galería. Revista bimestral de bienes raíces y estilo de vida enfocada en difundir las últimas tendencias en diseño, decoración y arquitectura de lujo. Bilingüe español e inglés.

EcoSport. Revista de ciclismo de montaña y deportes de aventura. Revista EcoSport. Dispone de edición electrónica.

EKA. La revista es una publicación especializada en el sector empresarial costarricense con una comunidad de 6000 suscritores de perfil gerencial.

Perfil. Revista mensual. Ofrece noticias sobre la mujer en Costa Rica. Estilo de vida, moda, salud, belleza y actualidad.

Es producida por el Grupo Nación.

La Voz de Guanacaste. Se promocionaba como "periódico independiente de intereses generales" y lo dirigía Héctor Suárez S.

No hay más datos disponibles.

La Voz de Puerto Cortés. Periódico que se promocionaba como "semidiario independiente y de intereses generales". Lo dirigió Claudio Ortiz. Incluía principalmente información sobre la zona de Puerto Cortés o de interés para ellos.

Se desconocen más datos de la publicación.

La Nave. Fue un semanario religioso-social y literario dirigido por Jorge Volio y administrado por J. Ismael Cordero.

Apareció en Heredia a inicios del siglo XX, probablemente en 1902, según la fuente consultada.

La Noticia Republicana. Órgano oficial del Partido Republicano y de su candidato a la Presidencia de la República Ricardo Jiménez, dirigido por Manuel Coto F. y Joaquín Vargas Coto.

No se dispone de más datos sobre el periódico.

El Imparcial. Periódico Puntarenas. Es un medio que sirve a la comunidad del Pacífico Central, incluyendo Esparza, Puntarenas, Orotina, San Mateo, Garabito, Parrita, Montes de Oro y cantones centrales del Pacífico.

Tiene un enfoque social, brinda una voz a la comunidad con el objeto de que el sector político y la empresa privada presten atención a los temas sensibles, como las necesidades de desarrollo, pero también
flagelos en el ámbito regional.

El Sol de Occidente. Un periódico de verdad. Circula en Alajuela, Poás, Atenas, Grecia, Valverde Vega, Zarcerro, Naranjo, Palmares y San Ramón.

Mi Tierra. Grecia. Periódico. Circula en las poblaciones de Grecia, Poás, Sarchí, Palmares, San Ramón y Alajuela.

La Provincia. Liberia. Tiene como misión resaltar la guanacastequidad como inspiración o punto de partida para primero promover aún más la identidad local, proyectar mejor a la sociedad y con ello fomentar buenas relaciones y negocios en los diferentes segmentos de comunicación y mercadeo.

Anuario Centro de Investigación y Estudios Políticos. Publicación de la Universidad de Costa Rica. Revista electrónica e impresa.

Recopila las actividades, investigaciones y proyectos que realizan los y las académicas en esta unidad institucional como parte de la rendición de cuentas que debería difundir cualquier entidad académica para una mayor transparencia en cuanto a su gestión. También describe las tesis de licenciatura, maestría y doctorados defendidas y aprobadas por los y las estudiantes de ciencias políticas, realzando la importancia de las contribuciones estudiantiles para la academia.

Por otra parte, el Anuario posee una sección para artículos tanto de estudiantes como de docentes o investigadores e investigadoras que versan sobre temáticas relacionadas con la democracia y a la ciencia política.

Avances en Seguridad Alimentaria y Nutricional. La revista es una publicación semestral de la Escuela de Nutrición de la Universidad de Costa Rica, cuyo objetivo es promover los esfuerzos de investigadores y profesionales mediante la difusión de la investigación y producción académica en Seguridad Alimentaria y Nutricional.

En sus páginas tienen cabida artículos originales sobre la Seguridad Alimentaria y Nutricional, que abarquen sus pilares básicos: la disponibilidad, la accesibilidad, la aceptabilidad y consumo, y la utilización biológica de los alimentos; dando prioridad a aquellos que estén estrechamente vinculados con el desarrollo humano.

Boletín Obstétrico. Órgano del Servicio de Obstetricia del Hospital de las Mujeres Dr. Adolfo Carit Eva.

Boletín INCIENSA. Revista electrónica. Cuatrimestral. Responsable: Instituto Costarricense de Investigación y Enseñanza en Nutrición y Salud, Tres Ríos, Cartago.

Receta M. Revista médica bimestral para consultorios y farmacias.

Sabores. Revista de cocina mensual.

Su Casa. Arquitectura moderna.

Summa. Revista empresarial mensual. Es editada por el grupo empresarial Summa Media Group.

75 mil ejemplares. Además, tiene una versión electrónica por suscripción.

Utopía: Magazine & Travel Guide. Guanacaste. Revista bilingüe de turismo y desarrollo sostenible.

The Real Estate Guide. Revista trimestral de bienes raíces.

TYT Tuercas y Tornillos. Revista del sector ferretero y de la construcción producida por ekaconsultores.com.

Where in Costa Rica.

Periódico Guanacaste Informativo. Medio de prensa que lleva la información nacional a una perspectiva regionalizada.
http://www.guanacasteonline.homestead.com

Boletín Presencia Universitaria. Lo edita en papel y electrónicamente la Oficina de Divulgación e Información de la Universidad de Costa Rica, con el propósito de informar sobre los temas que son del interés universitario y que están en su agenda de acción.

Periodicidad mensual.

Bibliotecas. Revista de la Escuela de Bibliotecología, Documentación e Información de carácter académico, de periodicidad semestral. Tiene como objetivo principal la divulgación del conocimiento científico resultado de las investigaciones realizadas por profesionales en Bibliotecología y Documentación.

Construcción. Revista. Órgano oficial de la Cámara Costarricense de la Construcción es diseñado y diagramado por la empresa Diseñadores S.A. y editado por Zona de Prensa. La publicación se distribuye entre los asociados de la CCC, todos los empresarios de la industria de la construcción en general, empresas de consultoría, industriales y comerciantes de materiales para la construcción, sector financiero, instituciones del estado, gerentes de compras y materiales, departamentos de proveeduría, Poder Ejecutivo, Poder Legislativo y organizaciones análogas de 18 países de América Latina.

Se publica cada 30 días aproximadamente.

Medicina Legal de Costa Rica. Es la publicación oficial de la Asociación Costarricense de Medicina Forense y del Departamento de Medicina Legal, Organismo de Investigación Judicial, Poder Judicial, Costa Rica sobre temas de relevancia forense en los ámbitos médico, jurídico y psicológico. Se distribuye gratuitamente entre sus asociados.

MHSalud: Revista en Ciencias del Movimiento Humano y Salud. Es una publicación científica e internacional en formato digital. Se publican artículos de investigación y revisión inéditos asociados con las diferentes áreas de las Ciencias del Movimiento Humano y Calidad de Vida, como Educación Física, Medicina, Rendimiento Deportivo, Fisiología del Ejercicio, Comportamiento Motriz, Terapia Física, Nutrición, Psicología, Actividad Física, entre otras. Además de la publicación de experiencias prácticas sistematizadas

Tiempos del Mundo. Información sin fronteras.
http://www.tdm.com/costarica/

Nutrición Animal Tropical. La revista de busca divulgar el quehacer investigativo en el área de la producción animal.

Su temática de la revista incluye temas de interés zootécnico, como nutrición animal, manejo productivo y reproductivo, nuevas tecnologías, manejo y producción de pastizales, especies alternativas, sanidad, ingredientes tradicionales y alternativos para la alimentación animal, etc.

Va dirigida a investigadores, docentes, técnicos, zootecnistas, veterinarios y personas interesadas en la producción animal.

Métodos & Materiales. Revista científica dedicada a la publicación de investigaciones realizadas sobre ensayos de laboratorio, aplicación de nuevas tecnologías de ensayo, estudio de materiales y métodos de construcción, y sus aplicaciones en el quehacer de la Ingeniería Civil.

Además, permite difundir el conocimiento sobre los ensayos de laboratorio, los cuales generan información sobre la calidad y confiabilidad de los materiales utilizados en obras civiles.

Nació en el año 2009 como un medio para que el LanammeUCR, en su función de Laboratorio Nacional, presente a la población costarricense las experiencias acumuladas durante casi 60 años.

Pensamiento Actual. Es una publicación electrónica semestral de la Coordinación de Investigación de la Sede de Occidente de la Universidad de Costa Rica. Su objetivo general consiste en divulgar la producción científica que se realiza en la Sede de Occidente y en la comunidad académica nacional e internacional, por medio de artículos científicos, ensayos, producción artística, entre otros, con carácter original, novedoso y de acceso libre.

Pensar en Movimiento. Revista de Ciencias del Ejercicio y la Salud, perteneciente a la Escuela de Educación Física de la Universidad de Costa Rica, la cual se dirige a todos los profesionales de las Ciencias del Movimiento Humano y a lectores especializados en esta área disciplinar.

Su objetivo es divulgar la investigación universal sobre las Ciencias del Movimiento Humano y Salud.

Reflexiones. Revista multidisciplinaria, con periodicidad semestral de la Facultad de Ciencias Sociales de la Universidad de Costa Rica que convoca a la reflexión académica acerca de la realidad social mundial y, en particular, la de América Latina. Constituye un espacio para la producción de conocimiento que aporte en el campo de las Ciencias Sociales; los artículos que publica están fundamentados teórica y metodológicamente y son producto de investigaciones y reflexiones académicas. El público meta está compuesto por docentes, personas investigadoras y comunidad estudiantil del ámbito nacional e internacional.

Revista Clínica Escuela de Medicina. Es una publicación médico-científica, dirigida a los profesionales interesados en el área de salud, gratuita, de frecuencia mensual y que difunde la actividad clínica y de investigación en la CCSS, gracias a la colaboración con la Escuela de Medicina de la Universidad de Costa Rica.

Revista Ciencia y Tecnología. Cumple un papel importante en la divulgación del quehacer universitario científico en un ámbito interdisciplinario. Publica bianualmente los trabajos recomendados por su comité editorial en las áreas de ciencias químicas, ambientales y de la tierra, ingeniería, ciencias de la vida, matemáticas, física y educación en ciencia.

Revista de Ciencias Económicas. Es una publicación interdisciplinaria semestral, de acceso abierto de la Facultad de Ciencias Económicas de la Universidad de Costa Rica.
Su objetivo es divulgar las investigaciones desarrolladas en los Institutos y Centros de Investigación de la Universidad y la publicación de investigaciones de académicos nacionales e internacionales, sirviendo de medio de comunicación entre los y las investigadoras de manera que se genere un diálogo entre pares ubicados en distintas latitudes, sobre el conocimiento en el área de las ciencias económicas. RCE aplica un proceso de evaluación por pares de carácter doble ciego nacionales e internacionales que garantiza la imparcialidad en las evaluaciones de los artículos. Cubre las áreas de Economía, Administración de Negocios, Estadística y Administración Pública.

Se publica en versiones impresas y en línea.

Revista de Ciencias Jurídicas. Su objetivo es divulgar y difundir ensayos en las diferentes disciplinas del saber científico-jurídico, para la asesoría y apoyo logístico de estudiantes y operadores, en general, del Derecho.

Revista de Ciencias Sociales. Es una publicación trimestral. Difunde los resultados de trabajos científicos de investigación en la ciencia social, producidos por esta universidad en las múltiples disciplinas de esa área. Algunas de estas son: Antropología, Sociología, Psicología, Ciencias Políticas, Ciencias de la Comunicación, Economía, Historia, Educación, Trabajo Social, Geografía, etc. Publica también trabajos de investigadores nacionales e internacionales externos a la Universidad de Costa Rica, que acaten los lineamientos de la revista y sean efectivos aportes a la ciencia social.

Está orientada a profesionales, investigadores, profesores y estudiantes de las diversas ramas de las Ciencias Sociales y es accesible para un público general con formación media.

REHMLAC. Revista de Estudios Históricos de la Masonería Latinoamericana y Caribeña. Nació para la difusión científica en torno a la Historia de la masonería y es parte del Programa Latinoamericano de Estudios Históricos de las Masonerías y los Movimientos Asociativos, inscrito en la Sección de Historia de la Cultura de la Escuela de Estudios Generales de la Universidad de Costa Rica.

Se publica en formato digital con acceso abierto.

Revista Wímb Lu. Publicación electrónica de los estudiantes de la Escuela de Psicología de la Universidad de Costa Rica

Es de periodicidad semestral de acceso abierto, en la cual estudiantes activos, egresados en proceso de realización de su Trabajo Final de Graduación, y profesionales del área, tanto nacionales como internacionales, encuentran la posibilidad de publicar y difundir sus investigaciones, avances e ideas en materia de Psicología siendo estas inéditas y originales.

Los artículos pueden ser estudios científicos, teóricos y de reflexión, sin ninguna restricción por su modalidad, siempre y cuando se respeten los criterios formales básicos de una revista académica y el proceso de revisión de pares externos (doble ciego) característicos en este tipo de publicaciones.

RevistArquis. Es una publicación semestral, electrónica, editada por la Escuela de Arquitectura de la Universidad de Costa Rica (UCR), enfocada a la divulgación de investigaciones, crítica y  desarrollo, así como avances científicos, tecnológicos y culturales en el campo de la Arquitectura, la Ciudad y el Territorio y disciplinas afines, cuyo fin es fomentar la difusión de trabajos realizados por docentes, estudiantes e investigadores nacionales e internacionales, dirigida principalmente a la comunidad académica y profesional.

Un alto porcentaje de los artículos publicados en la revista son trabajos de comunicación científica original o de investigación y ensayos. Otros son artículos de revisiones bibliográficas, comunicaciones o relatos de experiencias, proyectos, reseñas y biografías.

El idioma principal es el español y, como segundos, inglés y portugués.

Revista Médica de la Universidad de Costa Rica. Es una publicación científica de carácter académico-docente, sin fines de lucro y de acceso gratuito. Tiene como objetivo la divulgación del quehacer científico del área de la salud, pretendemos ser una herramienta para la difusión de la investigación médica en Costa Rica, Centroamérica y Latinoamérica.

Publica artículos científicos en cualquiera de las áreas de la salud, desde ciencia básica hasta clínica.

Revista Geológica de América Central. Es una publicación científica oficial de la Universidad de Costa Rica. Su objetivo es difundir la investigación geológica y geocientífica de índole básica, científica o aplicada, realizada en Costa Rica, y el resto de la región circuncaribe, o que sea de interés general para esta área.

ESCENA. Revista de las artes. Publicación semestral del Instituto de Investigaciones en

Arte (IIArte) de la Facultad de Bellas Artes de la Universidad de Costa Rica. Su propósito fundamental es publicar y divulgar resultados de investigaciones académicas del ámbito de las artes en general, así como documentos inéditos relacionados, con la finalidad de generar y promover el conocimiento en esta área específica.

También publica testimonios personales de creadores artísticos, producciones artísticas tales como obras de arte visual, partituras, dramaturgia, etc. y fuentes inéditas, para hacerlas disponibles de ese modo a los diversos investigadores en el campo de las artes.

Estudios. Revista de la Escuela de Humanidades que se publica para aportar su granito de arena a la tarea permanente de modernización, acción social y docencia e investigación que tiene como meta la institución.

Estudios de Lingüística Chibcha. La revista se dedica a la difusión de artículos originales e inéditos que versen sobre temas de la lingüística y el arte verbal chibchenses.

Gestión de la Educación. Revista digital semestral de carácter académico profesional, dirigida al sector de la educación, relacionada al campo de la administración de la educación, con especial énfasis en el análisis y discusión teórico-metodológico del quehacer de las organizaciones educativas en sus procesos de gestión de la educación.

El primer número se publica en enero-junio. El segundo número se publica en julio-diciembre.

Herencia. Publicación semestral de la Vicerrectoría de Acción Social de la Universidad de Costa Rica. Su propósito es la difusión de artículos sobre el rescate y la revitalización del patrimonio cultural.

Revista humanidades. Es una publicación semestral editada en la Escuela de Estudios Generales de la Universidad de Costa Rica, situada en la Ciudad Universitaria Rodrigo Facio, San Pedro de Montes de Oca, San José, Costa Rica. Su objetivo es convertirse en un espacio de debate y reflexión en el que distintas disciplinas dialoguen académicamente sobre el quehacer y pensar de los seres humanos. En este sentido, privilegia los trabajos pluridisciplinares (multi, inter y transdisciplinarios) y no los especializados en las disciplinas ya reconocidas, de modo que el diálogo tenga como puente al sujeto implícito o explícito que actúa y piensa. Este es un diálogo que aspira a articularse con la palabra de otras instituciones académicas, ya nacionales o extranjeras, abierto a quienes albergan inquietudes sistemáticas sobre los estudios generales. La Revista, entonces, se propone divulgar la indagación del quehacer y pensar humano en sus diversas manifestaciones científicas y artísticas en su pluralidad, que se unen finalmente en la posibilidad de reflexionar sobre sus humanidades.

Infraestructura Vial. La revista pertenece al Programa de Infraestructura del Transporte (PITRA) del Laboratorio Nacional de Materiales y Modelos Estructurales de la Universidad de Costa Rica (LanammeUCR).

InterSedes. Es una revista de la Universidad de Costa Rica especializada en estudios regionales cuyo fin es difundir el conocimiento científico y cultural que se produce en las sedes regionales. Se publica dos veces al año, eventualmente publica números especiales y también recibe colaboraciones de la comunidad nacional e internacional.

Káñina. Revista de Artes y Letras de la Universidad de Costa Rica, académica, semestral y de acceso abierto, copatrocinada por las unidades académicas del Área de Artes y Letras, y la Escuela de Estudios Generales de la Universidad de Costa Rica. Como revista del Área, las investigaciones que se publican, inéditas y originales, son de temas filológicos, lingüísticos, de análisis y crítica literarios, filosóficos y de metateoría del arte. También, se publican textos de creación artística de alto nivel estético. Los artículos científicos y textos de creación son sometidos a un sistema de evaluación de "doble par ciego", integrado por académicos costarricenses e internacionales que garantizan la calidad de la publicación. En lengua bribri, káñina significa amaneció. De káñir, amanecer. Esta palabra forma parte del léxico de unos tres mil costarricenses cuya lengua materna, seie, se identifica usualmente como bribri. Káñir es "la llegada del alba por el lado del mar" para los bribris de Lari, Urén y Coen, en Talamanca, provincia de Limón. Es "la claridad que desciende de los altos picos de la cordillera" para los bribris de Salitre, Yuabin y Cabagra, en Buenos Aires, provincia de Puntarenas.

Anales en Gerontología. Es una publicación oficial de la Universidad de Costa Rica, patrocinada por el Programa de Maestría Interdisciplinaria en Gerontología de esta misma casa de estudios.

Su objetivo es difundir la producción científica en todos los campos de la ciencia Gerontológica. Esto se lleva a cabo mediante la publicación anual de artículos originales e inéditos que dan a conocer resultados de investigación empírica, sistematización de experiencias de tesis y memorias de prácticas profesionales, ensayos teóricos, reflexiones de políticas, programas o proyectos con personas adultas mayores o referentes al proceso del envejecimiento. La revista se publica en castellano e inglés.

Anuario Centro de Investigación y Estudios Políticos. Recopila las actividades, investigaciones y proyectos que realizan los y las académicas en esta unidad institucional como parte de la rendición de cuentas que debería difundir cualquier entidad académica para una mayor transparencia en cuanto a su gestión. También describe las tesis de licenciatura, maestría y doctorados defendidas y aprobadas por los y las estudiantes de ciencias políticas, realzando la importancia de las contribuciones estudiantiles para la academia. Por otra parte, el Anuario posee una sección para artículos tanto de estudiantes como de docentes o investigadores e investigadoras que versan sobre temáticas relacionadas con la democracia y a la ciencia política.

Cuadernos de Investigación y Formación en Educación Matemática. Es una publicación seriada que incluye: resultados de investigación, reseñas de experiencias académicas, información sobre software en la Educación Matemática, documentos informativos orientados a la capacitación y formación de estudiantes y profesores de matemáticas. Busca nutrir la comunidad de Educación Matemática con instrumentos teóricos que permitan potenciar los quehaceres dentro de esta comunidad. Publica trabajos inéditos en español, portugués y en inglés, así como artículos o documentos ya publicados que puedan ser de interés para la comunidad de Educación Matemática.

Cuadernos de Antropología. Una publicación semestral, que busca facilitar el intercambio académico por el desarrollo de la Antropología, entre editores (as), evaluadores (as), autores (as) y lectores (as) de los textos publicados, así como comunicar el conocimiento científico con énfasis en el campo antropológico, mediante la publicación de artículos, ensayos y reseñas.

Diálogos. Es una revista electrónica de periodicidad semestral, especializada de investigación científica histórica de la Escuela de Historia de la Universidad de Costa Rica. Pretende llegar a investigadores centroamericanos y centro americanistas de las diferentes ramas de la Historia. Tiene como objetivo generar un papel innovador al entregar a todos sus lectores bases de datos, fuentes inéditas y arbitrados que abordan los análisis de trayectorias desde distintas perspectivas teóricas y metodológicas.

e-Ciencias de la Información. Es una revista electrónica gratuita y de acceso abierto de

carácter científico-académico de la Escuela de

Bibliotecología y Ciencias de la Información, de la Universidad de Costa Rica.

La revista recibe artículos en los idiomas español, inglés, francés y portugués. El objetivo primordial de esta publicación es la difusión de los resultados de investigaciones en las distintas disciplinas del conocimiento relativas a las Ciencias de la Información tales como bibliotecología, documentación, tecnología de la información y la comunicación, investigación, análisis estadísticos y bibliometría, archivística, sistemas de información. Asimismo, se aceptan trabajos de informática y comunicación colectiva relacionados al área de las ciencias de la información.

Vida y Pensamiento. Órgano de la Universidad Bíblica Latinoamericana, San José, Costa Rica.

Se desconocen más datos.

Boletín Informativo. Órgano de la Asociación Instituto de Auditores Internos de Costa Rica. Revista electrónica. Se desconocen más datos.

Neuroeje. Revista de la Asociación Costarricense de Ciencias Neurológicas A.C.C.N. Periodicidad mensual.

Orientación Nacional. Se promocionaba como "doctrinario mensual propulsor de homeopatía y de todo asunto de actualidad pública" y lo dirigió el Dr. Raúl Villalón Montero. Incluía información sobre homeopatía y su uso en todo el mundo.

Se desconoce la fecha de su aparición.

Perspectivas. Revista de Estudios Sociales y Educación. Constituye un medio de difusión crítico, en formato digital, que pretende compartir, desde una perspectiva pedagógica, inquietudes, avances, retos y limitaciones concernientes al desarrollo de la enseñanza de los Estudios Sociales y la Educación Cívica en la Universidad de Costa Rica

Ritmo. Órgano quincenal del Colegio de Señoritas. Dirigido por Victoria Urbano, Amalia Valle y Marjorie Tovar.

Incluía información variada.

Se desconocen otros datos de identificación.

Tec Empresarial. Es una revista de la Escuela de Administración de Empresas del Instituto Tecnológico de Costa Rica, dirigida a personas interesadas en la temática de la administración. Específicamente pueden ser, académicos, investigadores, profesionales, estudiantes del campo, así como empresarios y gerentes de pequeñas, medianas y grandes empresas.

Su objetivo es proporcionar actualización constante de la ciencia y el arte de la administración, con el fin de mejorar el que hacer.

XI. INDICE ALFABÉTICO DESDE 1833 HASTA 2005

A.B.C., ACEP Y T. Órgano de la Asociación Costarricense de Empleados Postales y Telecomunicaciones; A:L:E:R:T:A, la voz del estudiante; ANDE, ANEP, APSE Informa, Abanico, suplemento de La Prensa Libre. La Acción Social, Actualidad Farmacéutica, Actualidades, El Adalid, Adelante semanario de intereses en su primera época y órgano del Partido Vanguardia Popular en la segunda etapa; Además, suplemento dominical de La República; El Agente, El Agrario Nacional, El Agricultor, Agricultor Costarricense, Agronomía al Día, El Águila, Ahora, el periódico del estudiante; Aktuell, el periódico en alemán en Centroamérica, Al Día, Alajuela en La Nación, suplemento de La Nación; El Alajuelense, Alajuelita Hoy, Alcance, Alerta, Alianza, Alma Liceísta, Alternativa, Amanecer, The American Advisor, El Amigo del Hogar, El Amigo del Pueblo, Ancora, suplemento de La Nación; Anexión, La Antena, Antorcha, El Anunciador Costarricense, Aprendamos, suplemento de La República; Apuntes, periódico estudiantil universitario; El Arca, Arte y Literatura, El Artesano, A su Salud, As, Asegurando, El Atalaya, El Ateniense, The Atlantic Post, El Atlántico, Aula, La Aurora, La Aurora Social, El Avance, El Avance

Informativo, Avanzada, El Avisador, El Aviso, El Ayuntamiento Azote, Baderej, El Bananero, La Bandera Agrícola, La Bandera Nacional, La Bandera Nacional Granadina, Blanco y Negro, Boccacio, Boletín, Boletín Anunciador, Boletín Católico, Boletín Comercial, Boletín de Fomento, Boletín de México en Costa Rica, Boletín del Departamento de Cooperativas, Boletín del Partido Civil, Boletín Electoral, Boletín Informativo, Boletín Judicial, Boletín Municipal, Boletín Oficial, Boletín Postal, Boletín Rural, El Bombazo, El Bombo, El Brochazo, La Broma, El Brumoso, C.I.E.M.I, La Cabra en Patines, publicación humorística mensual; El Cachiflín, El Cadejos, Calidoscopio, Camino, La Campaña de Cubujuquí, Campus, El Canal de Centro América, Cancha, Candilejas, Cañas al Día, Cariari, El Caribe, El Cartaginés, Cartago, Por la Patria, la Cultura y el Trabajo, Cartago al Día, Cartago en La Nación, suplemento de La Nación; La Causa del Pueblo, Cencerro, El Censor, El Centenario, El Centinela, El Central, The Central American Express, Central America Weekly, Centro Nacional del INA en Hoteles y Turismo, El Centroamericano, El Chapulín, Chavespectáculos, La Chirimía, Christmas, Ciencias y Letras, Cimientos, El Ciudadano, Clarín, El Clarín Municipal, El Cochiflén, La Colmena, Combate, El Combate, El Comercial, El Comercio, Comercio, El Comercio al Día, El

Comercio de Cartago, El Comercio de Costa Rica, Cometa, Computer World America Central, Comunidad, Canal de Centro América, El Cóndor, Confraternidad Nacional, El Constitucional, Contrapunto, El Control, El Cooperador, Cooperador Tico, El Cooperador Universal, Coopeservidores, El Coronadeño, Correo, Correo Agrícola, Correo de España, semanario de la colonia española; El Correo de Golfito, El Correo de la Costa, El Correo del Atlántico, Correo del Atlántico, Correo del Pacífico, El Correo del Poás, Correo del Sur, El Correo Latino, Correo Nacional, Correspondencia, El Cortecista, Cortel, Cosmos, Costa Rica, Costa Rica Aktuell, Costa Rica Comercial, Costa Rica Today, El Costarricense, Costarricense, El Country, El Country al Día, Crayón, Crisol, Crítica, Crónica de Costa Rica, Crónica Estudiantil, El Cronista, Cultura, Cultural Suplemento, Curridabat, El Debate, El Deber y el Derecho, La Defensa, Defensa Nacional, La Democracia, El Demócrata, Deportes, Deportivo Mundial, El Derecho, Desamparados Hoy y Siempre, Despertar Estudiantil, El Detallista, Al Día, El Día, Día Nuevo, Diálogo, El Diario, Diario de Costa Rica, El Diario de la Tarde, Diario de Las Fiestas, Diario del Comercio, Diario Extra, Diario Nacional, Diario Oficial, Diario Republicano, Diario Uno, El Diarito, Don Lunes, Eco Católico, El Eco del Pacífico, Eco

Estudiantil, Eco Taurino, Ecología sin Fronteras, El Ecológico, El Ecológico de Altura, El Ecológico del CUNA, Ecos, Ecos de Alajuela, Ecos de Sión, Ecos del Pacífico, Ecos del Sur, El Educador, En Marcha, Enfoque, suplemento de La Nación; Enlace, Época, La Época, Escazú, El Escudo Católico, Escuela y Salud, Esta Semana, La Esograma, El Español, El Espartano, El Espectador, Espiral, Estadio, El Estero, La Estrella de Cartago, El Estudiante, El Estudiantil, El Estudiante y la Comunidad, .Evolución, Excelsior, Expansión, El Explorador, Express, Extensión Agrícola, Extra, El Farallón , El Faro, El Faro Policial, El Faro Limonense, Fémina, El Ferrocarril, Ferrocarril, .Fiat Lux, El Fígaro, El Financiero, Flechazo, El Forjador, El Fortín, La Gaceta, La Gaceta Legislativa, Gaceta Masónica, Gaceta Universitaria, Gacetilla, El Gato, Gato, El Gato Negro, Generación 70, El General, El Generaleño, Gente, Gentes y Paisajes, Gesto Criollo, El Globo, El Golfiteño, El Gráfico, El Gran Diario, Gran Pacífico, Grano de Arena, El Grillo, Grito Criollo, El Grito del Pueblo, El Grito Pampero, El Guacimeño, El Guadalupano, Guadalupe en Acción, El Guanacaste, Guanacaste Al Día, Guanacaste Hoy, El Guanacasteco, El Guapinol, La Guerra y Sus Consecuencias, Guirnalda, Hablemos Magazine, La Hacienda, El Halcón Noticiero, El Haragán, Hatika, El Heraldo, El Heraldo de La

Nueva, El Heraldo Puntarenense, El Heraldo de Alajuela, Heraldo de Cañas, El Heraldo de Costa Rica, Heraldo de Costa Rica, El Heraldo de Limón, Heraldo de Puntarenas, El Heraldo del Atlántico, El Heraldo del Pueblo, El Heraldo, Heraldo Estudiantil, Heredia Hoy, Heredia por Media Calle, El Herediano, Hermes, El Hijo del Pueblo, Hilos y Ondas, Hogar de Hoy, suplemento de La Nación, La. Hoja del Pueblo, Hoja Obrera, Hoja Republicana, El Hombre Libre, La Hora, Horizonte, El Horizonte, Horizontes, Huella, Humanistas en Acción, El Huracán, IMFHO, Idea, La Idea, Ideal, El Ideal, El Ideal de un Día, Impacto, El Impacto, El Imparcial, El Imparcial de Costa Rica, El Independiente, El Independiente Demócrata, El Industrial, Informa TEC, La Información, Informaciones, Integración Popular, El Irazú, IZ-Kat-Zu, Jornada, La Justicia Social, El Juvenil, Kativo al Día, Kesher, El Lábaro, Labor Independiente, Lacsagrama, El Lasallista, El Látigo, Lealtad, Leones en Acción, Liberación, El Liberal, Libertad, La Libertad Cristiana, Libertad Revolucionaria, Libertad, Libros para leer en Costa Rica, Liceo Nocturno de Esparza, Línea Vieja, La Linterna, Limon Weekley News, El Limonense, La Lucha, Luchador, Los Lunes, La Luz, Magazine Guadalupano, El Manantial, La Mañana, Maranata, Mensaje, Mensaje Independiente de la Región Chorotega, Mensajero, El Mensajero, El Mensajero Bíblico,

El Mensajero del Comercio, El Mensajero del Heraldo de Guanacaste, Mensajero Estudiantil, Il Menssaggero d'Italia, El Mentor, Mentor al Servicio de la Provincia y del País, El Mentor Costarricense, El Mercado, Mercurio, El Mes Obrero, The Miami Herald, Ministerio de Justicia, Molino, La Mora, El Morazán, La Mosca, Motorismo, Mujer y Hogar, El Mundo, El Mundo Diario de la Mañana, El Mundo Diario Independiente, Mundo Femenino, Mundo Nuevo, Mundo Nuevo al Servicio de la Verdad, El Municipio, La Música, La Nación, La Nación Informática, La Nación Internacional, El Nacional, Nacionalista, El Naranjeño, La Nave, The News, Nius Ecos del Atlántico, Nicaragua, El Normalista, Nosotras, Nosotros, La Noticia, La Noticia Republicana, Las Noticias, Noticias de CSUCA, Noticias del Valle, Noticias del Valle, El Noticiario, El Noticiero, El Noticiero de Finsa, Noticiero Diario de la Información, El Noticioso, Noticioso Universal, Noti-Jacks, Nova et Vetera, Novedades, Nuestra Patria, Nuestra Voz, Nuestro Cielo, Nueva Concepción ADEHUCO, Nueva Era, Nueva Evangélica, La Nueva Cartago, La Nueva Crítica, La Nueva Era, Nuevas Evangélicas, Nuevo Bocaccio, Nuevo Heraldo, La Nueva Prensa, Nuevo Mundo, El Nuevo Debate, Nuevo Ramonense, El Nuevo Régimen, El Nuevo Siglo, O:D:E:N, El Obrero, El Observador, Observatore Romano, El Occidental, El

Occidente, Ocho Días, Ojo. Mirada a la Actualidad, Once de Abril, Opinión, La Opinión, Opinión Ambiental, La Opinión Nacional, La Oposición, El Orden Social, Orfeo, Órgano Informativo del Liceo de Santa Cruz, Orientación, Orientación Nacional, Orientación Sindical, Orientador, Oriente, Oriente Costarricense, Oro Verde, Otro Diario, El Pabellón Cubano, El Pabellón Español, Pabellón Liberal, El Pabellón Rojo, El Pacayense, El Pacífico, El Padre Español, El País, La Palabra, Pampa, Panorama, Paraiseño, El Pampero, Partido Constitucional, El Partido del Pueblo, El Partido Liberal, El Partido Nacional, El Partido Republicano, La Pastilla, Patria, Patria Libre, Patria Nueva, Pavas Country College Review, La Patria, Paz, La Paz y Progreso, El Periódico, Un Periódico, Periódico Conciencia, Un Periódico Nuevo, Periódico Oficial, Periódico Semioficial, La Piapia, La Piapia Fénix, Pinos Nuevos, Pleibol, La Pluma, El Poás, Polémica, Popular, Por la Salud y la Vida, El Porvenir, El Porvenir Desamparadeño, El Primero, Posición Revolucionaria, Pregón Florense, Pregonera, La Pregona, La Prensa. La Prensa Leve, La Prensa Libre, Prensa Política, Primera Plana, Progreso, El Progresista, El Progreso, El Progreso Cartaginés, El Progreso Cultural, El Progreso de Limón, Propiedad, La Provincia, El Guanacasteco Hoy, Publicidad Guía Ltda, Pueblo, El Pueblo, Golfito, El Pueblo

Limonense, El Puntarenense, El Puriscaleño, Pulso Comunal, Qué Hacer, El Quijote, El Quincenal Josefino, Raíces ANFE, Reacción, Regeneración, Relación de Negocios Desechados por el Gobierno Supremo del Estado en el Presente Mes, El Ramonense, El Reeleccionista, El Relacionista, El Relator, El Renacimiento, El Rayo, Renovación, Renovación Nacional, La Razón, La Reforma, Repertorio Agrícola, Rerum Novarum, Revista Dominical, de La Nación; Rincón, Río General, Ritmo, Rumbo, Rumbos Fijos, La República, La Revista, El Republicano, La Sabana, El Sabanero, Sagitario, Santa Ana Hoy, Sanción, Sancho Panza, Sátira, San Carlos al Día, Semáforo, Senda, Sendero, El Saltón, La Salud, The San José News, The Sear Light, El Seguro, La Semana, La Semana Cómica, La Semana de Cartago, La Siembra, El Semanario, El Semanario Josefino, El Periódico Semanal, El Semanario Deportivo, El Semanario Ideal, El Servidor, El(Siete) de Noviembre, Semanario Universitario, Sheik, Siglo XIX, Siglo XXI, Simiente, El Siglo XX, El Social Demócrata, Cinerama de Costa Rica, Síntesis, Sobre Ruedas, Solo Deporte, Solo Deportes, El Sol, El Sol Desamparadeño, El Soldati, Surco Nuevo, Superación, Suplemento Agrícola, Suplemento Agropecuario, Suplemento del Costarricense, Suplemento del Teatro Nacional, El Standarcito, El Sur, La Tarde, La Tertulia, La

Tea, Taxista, Telégrafo, Testamento de Judas, Tibás al Día, Tribuna China, El Telégrafo de Costa Rica, El Tempisque, El Tepeyac, El Tesoro Popular, El Tiempo, El Trabajador, El Trabajo, TheTico Times, Tiempo de Costa Rica, Triángulo, Tiempos del Mundo, La Tierra, The Times, Trabajo Bienestar, El Trapiche, El Tribuno, El Triunfo, La Tribuna, La Tribuna del Sur, Tribuna Económica, Tribuna Libre, Trinchera, Tri-Zigma, Turrialba Hoy, El Turrialbeño, UNA Gaceta, UNA Informa, U.N.I.D.O.S, Última Hora, Última Información, Última Noticia, Unifruitico, La Unión, La. Unión Católica, La Unión Comercial, La Unión Latina, La Unión Liberal, La Unión Cívica, Unión Musical Costarricense, Unión Republicana, Unión y Lucha, Universidad, Universidad Nacional, Universitario, Uno de Tres, La Unión Nacional, La Unión Obrera, La Unión y Libertad, El Universitario, Valle del Sol, Vea, Vecinos, La Vanguardia, Vértice, La Verdad, La Violeta, (Veintisiete) de Enero, El Viajero, El Vocero, El Vocero del ANDE, Vistazo a Nuestro Mundo Precolombino, Vocero Angelino, Vocero Coopeandino, Vocero Noticioso, Voces, Voz Cooperativa, Voz de La Cadena, La Voz, La Voz Atlántica, La Voz de Guanacaste, La Voz de Puerto Cortés, La Voz de SITET, La Voz del ANDE, La Voz del Atlántico, La Voz del Pacífico, La Voz del Pueblo, La Voz del Puerto, La Voz del Sur, La

Voz Estudiantil, La Vuelta, La Voz Médica, La Voz Popular, Voz del Comercio, Voz del Estudiante, Voz del Pueblo, Voz Informativa, Voz Oficial del Cima, Voz Universitaria, El Zancudo, Periódico Infantil.

EL AUTOR

Eladio Rodulfo González, quien firma su obra en prosa o en verso con los dos apellidos, nació en el caserío Marabal, convertido después en parroquia homónima del Municipio Mariño, Estado Sucre, Venezuela, del matrimonio constituido por Guzmán Rodulfo y Nicomedes González, quien falleció cuando éste era un niño de corta edad y a la cual no conoció ni en retrato. Fue criado por la segunda esposa de su padre, Martina Salazar. Su nacimiento se produjo el 18 de febrero de 1935. Es licenciado en Periodismo de la Universidad Central de Venezuela, trabajador social, poeta e investigador cultural.

Con su esposa, Briceida Moya, procreó a Gabriela Lucila, Juan Ramón, Gustavo Adolfo y Katiuska Alfonsina, llamados así en honor a los poetas Gabriela Mistral, Juan Ramón Jiménez, Gustado Adolfo Bécquer y Alfonsina Storni.

En los primeros años de su vida fue dependiente en la bodega del padre, obrero petrolero de la empresa Creole Petroleum Corporation en Lagunillas, Estado Zulia, localidad donde inició el bachillerato en el Colegio Santa Rosa de Lima, que continuó en los liceos Alcázar y Juan Vicente González y la Escuela Nacional de Trabajo Social, ambas instituciones situadas en Caracas. También fue cofundador de la División de Menores del extinto Cuerpo Técnico de Policía Judicial y de la Seccional Nueva Esparta del Colegio Nacional de Periodistas, donde integró el directorio en varias secretarías y además presidió el Instituto de Previsión Social del Periodista.

En la extinta Escuela de Periodismo de la Universidad Central de Venezuela, transformada en Escuela de Comunicación Social después, el 9 de octubre de 1969 obtuvo el título de licenciado en Periodismo. Más tarde realizó un posgrado en Administración Pública, mención Organización y Métodos, y un curso de Investigación de Investigación Cultural. Asimismo, hizo cursos policiales en Washington, D.C. y en Fort Bragg, Carolina del Norte.

Todo cuanto escribe, en prosa o verso, lo firma con sus dos apellidos, Rodulfo González.

Publica diariamente los Blogs: "Noticias de Nueva Esparta" y "Poemario de Eladio de Eladio Rodulfo González", Es miembro fundador del Colegio Nacional de Periodistas, Seccional Nueva Esparta. Pertenece a la Sociedad Venezolana de Arte Internacional.

En formato digital ha publicado los libros:

Poesía:

La Niña de Marabal
Poesía Política
Elegía a mi hermana Alcides
Cien Sonetillos
Mosaicos Líricos
Alegría y tristeza
Covacha de sueños
¡Cómo dueles, Venezuela!
Encuentros y desencuentros
Ofrenda lírica a Briceida
Antología de poemas comentados y destacados
Partes I al IV
Guarumal
Brevedades líricas
Poemas disparatados
Investigación Cultural:
Dos localidades del Estado Sucre
El Municipio Marcano del Estado Nueva Esparta
Patrimonio Cultural Mariñense
Cristo en la devoción religiosa católica neoespartana
Festividades Patronales Mariñenses
La Quema de Judas en Venezuela
El Municipio Gómez del Estado Nueva Esparta
Festividades patronales del Municipio Antolín del Campo
La Virgen María en la devoción religiosa de Margarita y Coche
Festividades patronales del Municipio García del Estado Nueva Esparta, Venezuela

Festividades patronales del Estado Nueva Esparta
Nuestra Señora de Los Ángeles, patrona de Los Millanes
La Quema del Año Viejo en América Latina
La Quema de Judas en Venezuela, 2013-2014
La Quema de Judas en Venezuela 2015
Grandes compositores del bolero
Grandes intérpretes del bolero
Investigación Periodística:
Textos Periodísticos Escogidos 1 y 2
La libertad de prensa en Venezuela
Cuatro periodistas margariteños
La historia de Acción Democrática en tres reportajes periodísticos
La Hemeroteca Loca Tomos 1 al 7
La guerra del dictador Hugo Chávez contra comunicadores sociales y medios desde 2004 hasta 2012
La guerra del dictador Nicolás Maduro contra comunicadores sociales y medios desde 2013 hasta 2018
Catorce años de periodismo margariteño
Gobernadores contemporáneos del Estado Nueva Esparta.

En formato CD ha publicado:

La Libertad de Prensa en Latinoamérica y otros textos, Festividades Patronales Mariñenses, Elegía a mi Hermana Alcides, La

Niña de El Samán, Marabal de Mis Amores, Festividades Patronales del Municipio Villalba y Festividades Patronales del Municipio Antolín del Campo.

Entre sus publicaciones en papel se cuentan:

Poesía:
Ofrenda Lírica a Briceida; Marabal de Mis Amores; La Niña de Marabal; Elegía a mi Hermana Alcides; Trípticos literarios A Briceida en Australia, Colorido, Elevación, Divagaciones y Nostalgias; Mis mejores Versos en Prosa; Incógnita; Mis mejores poemas en prosa; Añoranzas y otros poemas escogidos; Mosaicos Líricos; Entre Sueños, Cuitas a la Amada; ¡Cómo dueles, Venezuela!; Noche y otros poemas breves; Poemas Políticos escogidos; Sonetillos Escogidos; Alegría y Tristeza; Covacha de Sueños; Incógnita.

Investigación Cultural:
El Gallo en el Arte, la Literatura y la Cultura Popular; Pelea de Gallos, Patrimonio Cultural Mariñense; Festividades Patronales Mariñenses; Festividades Navideñas; Manifestaciones Culturales Populares de la Isla de Coche; Manifestaciones Culturales Populares del Municipio Gómez; Manifestaciones Culturales Populares del Municipio Marcano;

Dos Localidades del Estado Sucre; Nuestra Señora de los Ángeles patrona de Los Millanes; El Bolero en América Latina; Historia de los Primeros Periódicos de América Latina; La Quema de Judas en Venezuela 2013-2014; La Quema del Año Viejo en algunos países de Latinoamérica; Festividades Patronales del Estado Nueva Esparta; Grandes Intérpretes del Bolero; Nuestra Señora de los Ángeles patrona de Los Millanes.

Investigación Periodística:
La Desaparición de Menores en Venezuela; Problemas Alimentarios del Menor Venezolano; Niños Maltratados; Háblame de Pedro Luis; Siempre Narváez; Estado Nueva Esparta:1990-1994; Caracas sí es gobernable; Carlos Mata: Luchador Social; Así se transformó Margarita; Margarita y sus personajes (cinco volúmenes); Vida y Obra de Jesús Manuel Subero; La Mujer Margariteña; Breviario Neoespartano; Margarita Moderna; Cuatro Periodistas Margariteños; Morel: Política y Gobierno; Francisco Lárez Granado El Poeta del Mar; El Padre Gabriel; La guerra del dictador Hugo Chávez contra comunicadores sociales y medios desde 2004 hasta 2012; La guerra del dictador Nicolás Maduro contra comunicadores sociales y medios desde 2013 hasta 2018; La Hemeroteca Loca Tomos 1 al 7; Los Ojos Apagados de Rufo; El Asesinato de Oscar Pérez;

Gobernadores contemporáneos del Estado Nueva Esparta; Imprenta y Periodismo en Costa Rica; Rómulo Betancourt: más de medio siglo de historia; Chávez no fue Bolivariano; El asesinato de Fernando Albán; El Asesinato del Capitán de Corbeta Acosta Arévalo; Morir en Socialismo Tomos I, II, III, IV y V.; La Corrupción en el Socialismo del Siglo XXI Tomos I,II y III, La Barbarie Represiva de la Narcodictadura de Nicolás Maduro Tomos I, II, III y IV.

CONTACTO:

Página Web: cicune.org
Twitter: @mauritoydaniel
Email: cicune@gmail.com

Índice

I. PROEMIO 5
II. NACIMIENTO DE LA IMPRENTA Y EL PERIODISMO 13
   II.1. Las primeras imprentas 13
   II.2. En el siglo XIX nació el periodismo costarricense 15
      II.2.1. Periodismo oficial 16
      II.2.2. Periodismo no oficial 25
III. Los otros periódicos del siglo XIX 27
   El Heraldo 27
   La Prensa Libre 27
   Álbum Semanal 27
   Álbum de la Paz 27
   Álbum 28
   Aurora 28
   Boletín Electoral 28
   Boletín Quincenal del Costarricense 28
   El Telégrafo 28
   Blanco y Negro 28
   Boccacio 28
   Costa Rica 28

Correo de Costa Rica 29
Diario de Costa Rica 29
Diario del Comercio 29
El Heraldo 29
El Progreso de Limón 29
Eco Católico 30
El Pabellón Español 30
El Municipio 30
El Nacional 30
El Naranjeño 31
El Mensajero 31
El Instituto Nacional 31
El Irazú 31
El Imparcial 31
El Impresor 31
El Guanacasteco 32
Esfuerzos del Patriotismo 32
El Observador 32
El Guerrillero 32
El Amigo del Pueblo 32
El Álbum Semanal Weekly Álbum 32
El Pasatiempo 32
El Pueblo 33

El Cencerro 33
El Travieso 33
El Duende 33
El Porvenir 33
El Ensayo 33
El Corsario 33
El Cometa 34
El Debate 34
El Recreo 34
El Estudiante 34
El 7 de Noviembre 34
El Tiempo 35
El Tribuno 35
El Zancudo 35
El Siglo XIX 35
El Mercado 35
El Latiguillo 36
El Rayo 36
El Reeleccionista 36
El Pueblo 36
El Quincenal Josefino 36
El Partido Liberal 37
El Semanal Josefino 37

El Preludio 37
El Albor 37
El Pacífico 37
El País 38
El Adalid Católico 38
El Cadejos 38
El Canal de Centroamérica 38
El Grito del Pueblo 38
El Ferrocarril 39
El Fígaro 39
El Gato 39
El Gato 39
El Globo 39
El Grano de Arena 40
El Espectador 40
El Escudo 40
El Faro 40
El Diablo Cómico 40
El Farol 40
El Ensayo 41
El Costarricense 41
El Costa-Ricense 41
El Correo de Costa Rica 41

El Correo de San José 41
El Comercio de Costa-Rica 42
El Cometa 42
El Ciudadano 42
El Observador 42
El Guerrillero 42
El Amigo del Pueblo 42
El Comercio 43
El Pasatiempo 43
Fray Serafín 43
Gaceta Médica de Costa Rica 43
Heraldo de Cañas 43
Hoja de Avisos 44
Horas de Solaz 44
La Noticia 44
La Unión 44
La Paz 44
La Paz y El Progreso 44
La Voz del Pueblo 45
La Estrella del Norte 45
Nueva Era 45
La Patria 45
La Época 45

La Verdad 45
La Opinión..45
La Oposición...46
La Chirimía...46
La Prensa Libre 46
La Voz del Pueblo 46
Ferrocarril 46
La Unión Católica......................................46
La Unión Liberal 47
La República..47
La Opinión..47
La Revista 48
La Tertulia 48
La Estrella del Norte 48
La Patria 48
La Época...48
La Libertad 49
Ensayos de Libertad 49
Esfuerzos del Patriotismo 49
El Noticioso 49
El Cencerro 49
El Travieso...49
El Duende 49

El Ensayo 50
Hoja de Avisos 50
Nueva Era 50
Gaceta Oficial de Costa Rica 50
La Estrella de Irazú 50
Aurora 50
El Porvenir 51
El Ensayo 51
El Corsario 51
La Verdad 51
El Cometa 51
La Opinión 51
Flores y Espinas 51
La Oposición 51
El Debate 51
La Chirimía 52
Horas de Solaz 52
Ferrocarril 52
El Recreo 52
Boletín Quincenal del Costarricense 52
El Estudiante 52
La Prensa Libre 52
La Opinión Nacional 53

La Oposición 53
La Palanca 53
La Nación 53
La Mosca 54
La Idea 54
La Igualdad 54
El Atlántico 54
Costa Rica Ilustrada 54
La Luz 55
El Obrero 55
La Guirnalda 55
La Hoja del Pueblo 55
La Correspondencia 55
La Época 55
La Puya 56
La Unión Latina 56
Otro Diario 56
La Justicia 56
El Triunfo 56
El Día 56
El Deber y el Derecho 57
La Nueva Prensa 57
La Unión 57

El Rocío 57
La Nación 58
Un Periódico 58
Un Periódico Nuevo 58
The News 58
IV. LAS PUBLICACIONES DEL SIGLO XX ... 61
La Información 61
La Nación 61
La República 61
Acta Pediátrica Costarricense 61
Ambientico 62
Anales en Gerontología 62
Anuario de Estudios Centroamericanos 62
Anuario Estadístico de Costa Rica 63
Revista electrónica 63
Abra 63
Acta Académica 63
AMC Acta Médica Costarricense 64
Actualidades en Psicología 64
Actualidad Farmacéutica 64
Adolescencia y Salud 64
Archivos del Hospital Dr. R. A. Calderón Guardia 64

Athenea 64
Apuntes 65
Ariel 65
Actualidades 65
ABC 66
Acción Demócrata 66
Agricultor Costarricense 66
Alerta 66
AS 67
Avance 67
Avanzada 67
Boletín Anunciador 67
Boletín Católico 67
Boletín Comercial 67
Boletín de México en Costa Rica 68
Boletín Municipal 68
Ciencias Penales 68
Coris 68
Cartago 68
Christmas 69
Combate 69
Confraternidad Nacional 69
Correo de España 69

Correo del Sur 70
Correo Nacional 70
Cosmos. 70
Costa Rica. 70
Crítica. 70
Crónica Estudiantil 71
Cultura.. 71
Diario de las Fiestas 71
El Nuevo Siglo 71
Boletín de la Asociación Costarricense de Bibliotecarios.. 71
Diario del Comercio 71
Cámara de Comercio 72
Diario Extra.. 72
El Pueblo 72
El Independiente.. 73
El Índice 73
El Pabellón Rojo 73
El Mundo.. 73
Generalista 74
El Mentor.. 74
El Lábaro 74
El Látigo 74

El Liberal 75
El Limonense 75
El Jején 76
El Juvenil 76
El Hijo del Pueblo 76
El Hombre Libre 76
El Horizonte 77
El Huevo 77
El Huracán 77
El Ideal 77
El Heraldo de Alajuela 77
El Grito del Pueblo 77
El Heraldo de Costa Rica 78
El Imparcial 78
Generalista 78
El Lucero 78
El Manantial 78
El Heraldo 78
El Mensajero 79
El Heraldo de Limón 79
El Herediano 79
El Amigo del Hogar 79
El Diario de la Tarde 79

El Correo del Pacífico 79
El Noticioso 80
Enfermería en Costa Rica 80
Epidendrum 80
El Mensajero 80
Estadio 80
Evolución 81
Excelsior 81
El Tiempo 81
El Trabajo 81
El Trapiche 81
El Viajero 82
El Vocero 82
El Siglo XX 82
El Sol 82
El Tesoro Popular 83
El Tiempo 83
El Ramonense 83
El Renacimiento 83
El Republicano 83
El Saltón 84
El Pueblo Limonense 84
El Puntarenense 84

El Quijote 84
El Progreso Cartaginés 84
El Partido Nacional 85
El Pasatiempo 85
El Poás 85
El Porvenir 85
El Porvenir Desamparadeño 85
El Progreso 86
El Pampero 86
El Nuevo Régimen 86
Eco Taurino 86
Ecos 86
Ecos del Sur 87
El Agente 87
El Amigo del Pueblo 87
El Agricultor 87
El Águila 87
El Azote 88
El Atalaya.. 88
El Ateniense.. 88
El Atlántico 88
El Aviso... 88
El Bombazo... 88

¡El Bombo!...89
El Brochazo 89
El Cachiflín..89
El Cartaginés 89
El Centroamericano 89
El Grito del Pueblo 90
El Guadalupano.. 90
El Guanacaste... 90
El Erizo 91
El Escudo Católico....................................... 91
El Espartano 91
El Explorador 91
El Farallón 92
El Eco de la Juventud...................................92
El Ensayo 92
El Entreacto..92
El Debate 93
El Demócrata Libre 93
El Derecho 93
El Correo del Atlántico 93
Correo del Atlántico 94
El Cortesista 94
El costarricense 94

El Cronista 94

El Compañero 95

El Cóndor 95

El Constitucional 95

El Control 95

El Cooperador Tico 95

El Correo de la Costa 96

El Correo de Poás 96

El Correo del Atlántico 96

El Combate 96

El Comercio al Día 97

El Censor 97

El Centenario 98

El Centinela 98

Fronteras 98

Fémina 99

Fiat Lux 99

Giros de ASPAS 99

Heraldo de Puntarenas 99

Hermes 100

Hilos y Ondas 100

Hoja Obrera 100

INCAE Business Review 100

Informaciones 100
Káñina 101
Las Noticias 101
Lealtad 101
Los Lunes 102
Lucha 102
La Tribuna 102
La Unión 102
La Unión Comercial 103
La Unión Nacional 103
La Unión Obrera 103
La Sátira 103
La Semana 103
La Semana Cómica 104
La Vanguardia 104
La Violeta 105
La Voz del Atlántico 105
La Voz del Pueblo 105
La Voz del Puerto 105
La Salud 106
La Sanción 106
La Patria 106
Patria 106

La Pluma 106
La Prensa 107
La Razón 107
La Noticia 107
La Nueva Cartago 107
La Nueva 108
La Linterna 108
La Lucha 108
DEHUIDELA 108
Deportivo Mundial 109
Despedida de Judas Iscariote 109
Diario Costarricense 109
La Mañana. 109
La Nación 109
La Independencia 109
La Información 110
Domingo VII 110
Don Lunes 110
Don Quijote 110
Bionet 110
El Obrero 110
La Lata Política 110
La Ley 111

La Estrella de Cartago 111
La Gacetilla 111
La Guerra y sus Consecuencias (The War and its Effects). 111
La Idea Libre 111
La Defensa 111
La Democracia 112
La Época 112
La Escuela Costarricense 112
La Acción Social 113
La Aurora 113
La Aurora Social 113
La Bandera Agrícola 113
La Bandera Nacional 113
La Broma 113
La Campana de Cubujuqui 114
Mercurio 114
Minerva 114
La Prensa Libre 114
La Provincia 115
Navidad 115
Nicaragua 115
Nosotras 115

Nosotros 116
Novedades 116
O.D.E.N 116
Once de Abril 116
Oportunidad 116
Orfeo 117
Orientación Sindical 117
Brenesia 117
Vida y Verdad 117
El Sur 118
La Voz de la Pampa 118
Semanario Universidad 119
El Sur 119
The Tico Times News 119
Tico Times 119
Diario Extra 121
La República 122
La República 125
Patria Nueva 126
Patria 126
Por la Salud y la Vida 126
Progreso 126
Rigoleto 127

Sancho Panza 127
Sagitario 127
Sanción 127
Órgano de la juventud libanesa de Costa Rica
.... 128
Repertorio Agrícola 128
Rerum Novarum 128
Trinchera 128
The Times 129
Testamento de Judas 129
Telégrafo 129
The Nation 129
Tribuna Libre 129
Transferencia de Tecnología 129
Tico Times 130
Trabajo 130
Ultima Información 130
Ultima Hora 131

V. PUBLICACIONES DEL SIGLO XXI 133
Ensayos Pedagógicos 133
Dentista Empresario 133
Gaudeamus 133
GeoBuzón 134

Hidrogénesis 134

Hoja Filosófica 134

Humanitas 135

TTaidaywyós 135

VI. REVISTAS GENERALISTAS E INSTITUCIONALES 137

Repertorio Americano 137

Órgano de la Universidad Técnica Nacional, Atenas, Departamento de Alajuela 139

Troquel 139

Universidad en Diálogo 140

Aqua Vitae 140

Artmedia 140

Acta Ortopédica Costarricense 140

Actualidades Investigativas en Educación 140

Biocenosis 141

Praxis 141

Presencia Universitaria 141

Pórtico 21 142

Perspectivas Rurales Nueva Época 142

Páginas Ilustradas 143

Pandemonium 143

Quadrivium 143

Relaciones Internacionales 143

Repertorio Americano 144

Repertorio Segunda Nueva Época 144

Revista Ciencias Marinas y Costeras (REVMAR) 144

Revista de Ciencias Veterinarias 145

Revista de Ciencias Ambientales 145

Revista de Historia 145

Revista de Política Económica para el Desarrollo Sostenible 146

Revista Electrónica Educare 146

Revista Feminista Casa de la Mujer 146

Revista Geográfica de América Central 147

Revista Latinoamericana de Derechos Humanos 147

Revista Nuevo Humanismo 147

Revista Pharmaceutical Care 148

Tecnología en Marcha 148

Tecnología MOPT 148

Trimestral 149

Temas de Nuestra América 149

Tierra Tropical 149

Tópicos Meteorológicos y Oceanográficos 149

Trama 150

Revista Jurídica de Seguridad Social 150
Revista Costarricense de Ciencias Médicas 151
Revista Latinoamericana de Derecho Médico y Medicina Legal 151
Revista Costarricense de Trabajo Social 151
Revista Alimentaria 151
Revista IIA Today 152
Revista IA Internal Auditor 152
Revista Digital El Contador Al Día 152
Hoja Filosófica 153
Revista Forestal Mesoamericana Kurú. 153
Recursos Naturales y Ambiente 153
RED 153
Revista AIBDA 154
Revista ASOGEHI 154
Revista Centroamericana de Administración Pública 154
Revista Centroamericana de Ciencias Sociales 154
Revista Científica Odontológica 156
Revista CORBANA 156
Revista Costarricense de Ciencias Médicas 157

Revista Costarricense de Política Exterior 157
Revista Espiga 158
Revista Estudios 158
Revista Fármacos 158
Revista IDental.. 158
Revista Internacional de Fútbol y Ciencia 159
Revista Judicial 159
Revista Musaraña.. 159
Revista Nacional de Cultura...................... 159
Revista Nuevo Humanismo 159
Revista Panorama Académico................... 159
Revista Parlamentaria................................ 159
Revista Redpensar...................................... 160
Revista Reflexiones 160
Revista Terapéutica 160
Revista Tertulia 160
Reviteca 160
Rhombus 161
Revista Rupturas...161
Revista de Ciencias Ambientales 161
Revista VOS 162
Revista de Heredia 162
Revista de la Prensa 163

Revista de Casta 163

Senderos 163

Siwó 164

Tattenbachiana 164

Temas de Nuestra América 164

Turrialba 165

Zeledonia 165

VII.   REVISTAS   ACADÉMICAS   DE   LA UNIVERSIDAD DE COSTA RICA 167

Revista Educación 167

Agronomía Costarricense 169

Agronomía Mesoamericana 169

REVENF 169

Lankesteriana 170

Cordelia 170

Cultura 171

Anales del Ateneo de Costa Rica San José . 171

Apuntes 171

Ariel 171

Arte y Vida 171

Athenea 171

Colección Ariel 172

Colección Eos 172

Costa Rica 172
Costa Rica al Día 172
Costa Rica Ilustrada 172
Costa Rica Ilustrada 172
Cultura 172
Cultura 172
Ecos 173
El Ensayo 173
Ensayos Literarios 173
El Espectador 173
El Fígaro 173
Germinal 173
La Guía Ilustrada 173
Horas de Solaz 173
Lecturas 173
Letras 174
Magazin costarricense 174
Minerva 174
Revista de Ciencias y Letras 174
Notas y Letras 174
Nous 174
Nueva Cultura 174
La Nueva Literatura 174

La Musa Americana 175
La Obra 175
Ocio 175
Ocios 175
Ortos 175
Páginas Ilustradas 175
Pandemonium 175
Pinceladas 175
Raza 175
Renovación 175
Repertorio Americano 176
Repertorio de Costa Rica 176
Reproducción 176
Revista de Costa Rica 176
Revista de Costa Rica en el Siglo XIX 176
La Revista Nueva 176
Revista Nueva 176
Revista Teatral 176
Selenia 176
La Selva 177
La Siembra 177
Sparti 177
Ventana Lechera 177

VIII. REVISTAS LITERARIAS, CULTURALES E ILUSTRADAS 179
   Umbral 181
   Uniciencia 181
IX. PUBLICACIONES ELECTRÓNICAS 183
   BSNoticias.cr 183
   Pharmaceutical Care-La Farmacoterapia . 184
   Revista Pensamiento Actual 185
   Calidad en la Educación Superior 185
   Vida Silvestre Neotropical 186
   Wimb Lu 186
X. PUBLICACIONES SIN DATOS DE NACIMIENTO 187
   The Central America Express 187
   Triqui-Traque 187
   The Searchlight 187
   El Ramonense 188
   El Loco 188
   El Pabellón Liberal 188
   El Orden Social 188
   El Pabellón Cubano 188
   El Mensajero del Comercio 188
   Escena 188

El Heraldo del Atlántico 189
El Tiempo 189
El Telégrafo de Costa Rica 190
El Social Demócrata 190
Economía y Sociedad 190
El Estudiante 190
El Padre Español 191
Gestión 191
Herencia 191
El Diarito 191
Girasol 192
El Renacimiento 192
Hatikva 192
Ístmica 192
Periódico Guanacaste Informativo 192
Periódico Voces de Mujer 192
Informa-tico 193
La Teja 193
Letras 193
La Zemana 193
La Propiedad 193
Apetito 193
Actualidad Económica 193

Casa Galería 194
EcoSport 194
EKA 194
Perfil 194
La Voz de Guanacaste 194
La Voz de Puerto Cortés 194
La Nave 195
La Noticia Republicana 195
El Imparcial 195
El Sol de Occidente 195
Mi Tierra 196
La Provincia 196
Anuario Centro de Investigación y Estudios Políticos 196
Avances en Seguridad Alimentaria y Nutricional 197
Boletín Obstétrico 197
Boletín INCIENSA 197
Receta M 197
Sabores 197
Su Casa 197
Summa 197
Utopía 198

The Real Estate Guide 198
TYT Tuercas y Tornillos 198
Where in Costa Rica 198
Periódico Guanacaste Informativo 198
Boletín Presencia Universitaria 198
Bibliotecas 198
Construcción 199
Medicina Legal de Costa Rica 199
MHSalud 199
Tiempos del Mundo 200
Nutrición Animal Tropical 200
Métodos & Materiales 200
Pensamiento Actual 201
Pensar en Movimiento 201
Reflexiones 202
Revista Clínica Escuela de Medicina 202
Revista Ciencia y Tecnología 202
Revista de Ciencias Económicas 203
Revista de Ciencias Jurídicas 203
Revista de Ciencias Sociales 203
REHMLAC 204
Revista Wímb Lu 204
RevistArquis 205

Revista Médica de la Universidad de Costa Rica 206
Revista Geológica de América Central 206
ESCENA 206
Estudios 207
Estudios de Lingüística Chibcha 207
Gestión de la Educación 207
Herencia 208
Revista humanidades 208
Infraestructura Vial 209
InterSedes 209
Káñina 209
Anales en Gerontología 210
Anuario Centro de Investigación y Estudios Políticos 210
Cuadernos de Investigación y Formación en Educación Matemática 211
Diálogos 212
e-Ciencias de la Información 212
Vida y Pensamiento 213
Boletín Informativo 213
Neuroeje 213
Orientación Nacional 213
Ritmo 214

Tec Empresarial 214
XI. INDICE ALFABÉTICO DESDE 1833 HASTA 2005 215
El Autor 227

www.ingramcontent.com/pod-product-compliance
Lightning Source LLC
LaVergne TN
LVHW052245070526
838201LV00113B/344/J